As melhores histórias da
MITOLOGIA CHINESA

CARMEN SEGANFREDO

As melhores histórias da
MITOLOGIA
CHINESA

Texto de acordo com a nova ortografia.

Primeira edição: primavera de 2013
Esta reimpressão: primavera de 2022

Capa: Marco Cena
Preparação: Marianne Scholze
Revisão: Lia Cremonese

CIP-Brasil. Catalogação na fonte
Sindicato Nacional dos Editores de Livros, RJ

S456m

Seganfredo, Carmen, 1956-
   As melhores histórias da mitologia chinesa / Carmen Seganfredo. – Porto Alegre, RS: L&PM, 2022.
   256 p. ; 21 cm.

   ISBN 978.85.254.3007-6

   1. Mitologia chinesa. 2. China - Civilização. I. Título.

13-05549   CDD: 951
                      CDU: 94(510)

© Carmen Seganfredo, 2013

Todos os direitos desta edição reservados a L&PM Editores
Rua Comendador Coruja, 314, loja 9 – Floresta – 90220-180
Porto Alegre – RS – Brasil / Fone: 51.3225.5777

PEDIDOS & DEPTO. COMERCIAL: vendas@lpm.com.br
FALE CONOSCO: info@lpm.com.br
www.lpm.com.br

Impresso no Brasil
Primavera de 2022

Sumário

Introdução 9

Parte I: Origens do mundo 13
O gigante Pangu 15
Nu Wa, a serpente criadora da humanidade 22
O mundo é reconstruído 26
Yin e Yang: juntai-vos e multiplicai-vos 27
A origem do ódio do filho do deus do fogo 30
Deus-pai contra Deus-filho pelo trono celestial 32
Deus cabeça-dura derruba um dos pilares que
   sustenta o firmamento 37
O gigante Kua Fu 40
Deus Fu Xi desce à Terra 43
O deus que vira mestre 49
O nascimento e aprisionamento do deus do trovão ... 52
Mortais sobem aos céus 58
Nu Wa restaura a abóboda celeste 61
Irmãos repovoam o mundo 64
Shen Nong, o Imperador das Chamas 68
Imperador Amarelo e Imperador das Chamas 71
O dilúvio e a terra mágica 74
A infância do deus da agricultura Hou Ji 82
Yu Huang – sua alteza o Imperador de Jade 85
Wu Xiang, o senhor do celeiro 89
A terrível humilhação de Kui, o feioso 91
Li Bing combate a divindade do rio e salva virgens
   do sacrifício 96

PARTE II: AS MISSÕES HEROICAS DE HOU YI,
O GRANDE ARQUEIRO CELESTE......99
  Os dez irmãos sóis e as doze irmãs luas......101
  A desobediência dos dez astros solares......103
  A morte de nove sóis......106
  Xi Wang Mu, a alquimista rainha mãe do ocidente e sua dúbia trajetória......111
  Traição e culpa......117
  O fim de Hou Yi......121

PARTE III: BAXIAN – OS OITO IMORTAIS......123
  Os poderosos sábios......125
  A astúcia de um dos imortais......129
  Lu Dong Bin, o guardião do bem......137
  Lu Dong Bin, o indômito imortal......143
  Zhang Guo Lao, o imortal......147
  Li Tieguai, o mendigo com muleta de ferro......150
  Zhongli Quan, o mensageiro do céu......153
  Lan Caihe, o dúbio imortal......156
  O imortal Han Xiang Zi, o tocador de flauta......158
  He Xiangu, a imortal protetora das donzelas......162
  Cao Guojiu, o imortal do taoismo......166
  A travessia no mar......168

PARTE IV: AVENTURAS DE SUN WUKONG, O REI MACACO...171
  Nascimento do macaco......173
  Macaco busca imortalidade......178
  Acordado para o vazio......188
  Macaco no palácio do dragão do mar do leste......207
  Macaco no mundo inferior......210
  Macaco recebe o título de cavalariço-chefe......212
  Macaco é caçado, mas derrota Nuocha......217
  Sábio igual aos céus cuida do pomar......219

Banquete de pêssegos 221
Macaco é caçado por ter acabado com o festim
   dos deuses 223
As metamorfoses do macaco e Erh-lang 226
Macaco não pode ser executado e é posto no forno.........229
Macaco x Buda 231

Glossário...235

Referências..251

Introdução

O livro que você tem em mãos contém, além de fascinantes e misteriosas aventuras, a milenar espinha dorsal da civilização oriental. Ao folhear estas páginas, você encontrará as principais raízes dos mitos antigos, que se originaram a partir do movimento dos Cinco Elementos da Natureza: Madeira, Fogo, Terra, Metal e Água.

As versões quanto à procedência deste incomparável mundo são múltiplas e se alternam de acordo com os locais e mesmo as etnias que as propagaram. Fazem parte dele contos provindos das três maiores crenças da China: o taoismo, o confucionismo e o budismo – foi da doutrina taoista que derivaram praticamente todos os mitos da criação.

As histórias desta civilização chinesa tiveram início por volta do século XII a.C. e foram transmitidas de forma oral durante cerca de mil anos antes de serem escritas nos livros *Shui Jing Zhu* (Comentários sobre o Pergaminho da Água) e *Shan Hai Jing* (Pergaminho da Montanha e do Mar). O primeiro descreve os mitos, a magia e a religião da China Antiga, e o segundo documenta a geografia, a história e as lendas associadas a ela. Há também *Hei'an Zhuan*, o "Épico da Escuridão", uma coleção de poesias sobre as lendas preservadas pelos habitantes montanheses de Hubei. Os demais mitos foram contados por meio de tradições como o teatro e as canções antes de serem registrados no livro *Fengshen Yanyi* (Investidura dos Deuses ou A Criação dos Deuses), de autoria atribuída a Xu Zhonglin e Lu Xixing.

A aleatoriedade da relação entre os acontecimentos mitológicos, justamente porque oriundos de inúmeras fontes provenientes de diferentes culturas, faz com que a tarefa de retratar uma cronologia clara desses mitos se torne bastante complexa. Além disso, esta é a mitologia a mais fragmentada dentre todas as que há e a que possui a maior quantidade de variações, como bem demonstram as versões alternativas do mito que identificam Xihe simplesmente como motorista da carruagem do sol feminino, enquanto outra variante afirma que Xi e o sol feminino eram ministros do imperador Yao, um governante lendário. Outra versão ainda identifica o deus como homem e mestre do calendário chinês, o mais antigo registro cronológico existente (invenção por sua vez disputada por Fu Xi nos tempos primórdios e também por Huang-ti, conhecido como o Senhor Amarelo, que teria introduzido o calendário chinês na sua cultura por volta de 2.637 a.C.).

Em suma, inúmeras são as histórias da criação do mundo, sendo algumas consideradas mais filosóficas do que mitológicas, como a do vapor que formaria os princípios do yin e do yang para a criação de todos os seres vivos ou a da separação de diferentes matérias sobrepostas até se criarem a Terra e o Céu. Nu Wa, a deusa da criação, teria se apropriado destes dois elementos, yin e yang, para despertar em suas criaturas a masculinidade e a feminilidade.

A origem dos deuses, semideuses e heróis a partir de fenômenos sobrenaturais, posteriormente também presente no cristianismo, representa na mitologia chinesa uma constante. Um exemplo disso é a grande variedade de virgens mortais que interagiram com elementos não humanos e geraram filhos deuses, como uma donzela que colocou seu pé no rastro de um dragão e deu à luz um bebê monstro que veio a ser um grande herói de seu povo. Outro exemplo é a ampla quantidade de deusas que engravidaram de modos estranhos: uma por ter comido um ovo; outra, por ter sido exposta à luz do sol de um modo especial; outra, por ter bebido água divina; e outra ainda, por ter engolido pérolas míticas. Há também aquela que engravidou após haver ingerido determinadas plantas, em especial o espinheiro vermelho. Essa espécie de mitos é classificada pelos estudiosos como "mitos Gansheng", nos quais mães divinas engravidaram milagrosamente após terem sido expostas a influências externas e incidentes, como animais, plantas ou fenômenos astronômicos. Geralmente, estes fatos funcionam como certificações de origem dessas entidades sagradas e seus poderosos prodígios.

A civilização chinesa também compartilha sua cultura com sumérios, gregos, maias, judeus e outras centenas de tradições. O período conhecido como Dilúvio ou Grande Enchente, mais tarde relatado na Bíblia, possui aqui quatro versões. A mais célebre delas conta como o herói Yu, o Grande, comandou as águas com o poder da sua inteligência, acrescido de sua força e virtudes, contando com o auxílio de uma tartaruga e de um dragão. Enquanto o dragão abria canais com sua cauda, a inundação era dividida e controlada, o que proporcionava sobrevivência à população. Yu tornou possível o cultivo da terra com a construção de diques e guiou os rios ao mar, dando assim grande impulso à economia agrícola.

Nestas histórias, é visível a luta e a esperança de um povo sofrido que acredita estar sendo visto e amparado pelos seus deuses, que representam a força dos mortais e a busca incessante do seu eu mais íntimo, como também sua natural necessidade de heróis.

A busca pela imortalidade aparece, também, como ponto crucial entre alguns personagens chineses, divinos ou não. Inconformados com a mortandade nas guerras, intempéries e doenças, eles se esforçavam com ferocidade em busca dos pêssegos mágicos da imortalidade.

Apesar de tantos avisos e arquétipos mostrando, nestas antigas histórias, a ruína e a desgraça dos perversos, o ímpeto agressivo e o instinto de defesa frequentemente extrapolam as medidas, causando ferozes agressões no convívio diário dos humanos, em especial para aquele cujo desejo incansável de poder se faz presente. Sempre há aquele que ambiciona governar acima do bem e do mal e posicionar-se no lugar dos deuses, como foi o caso de Sun Wukong, o Rei Macaco, que, querendo abarcar o céu, caiu miseravelmente aprisionado na mão do Iluminado Buda.

Esta mitologia é composta, enfim, de deuses duros, mas não tiranos, tampouco de criaturas que se perdem em orgias e bacanais como na mitologia grega, por exemplo. O que chama em especial a atenção aqui é a capacidade dos deuses, reis e imperadores de ouvir com humildade os seus conselheiros, ponderar e criar estratégias seguras antes de agir, mesmo em questões simples e muito mais em tempos de guerra, uma constante neste mundo chinês até mesmo entre o panteão de deuses, que guerreavam em batalhas épicas, como foi a de Zhu Rong, o deus do Fogo, contra seu filho Gong Gong, o demônio dracônico negro, deus da Água.

Um fato curioso é que o deus da Cozinha, mensageiro direto do Imperador de Jade, entregava a este um relatório dos feitos de cada mortal. Infiltrava-se nas famílias chinesas, nos espaços mais recônditos de suas casas, bisbilhotando a fim de recolher dados para levar ao soberano celeste. Fica visível a necessidade dos mortais em engendrar deuses soberanos e também entidades intermediárias e interventoras que façam o universo social fluir, garantindo a adaptação e a acomodação dos seres às inerentes divergências entre si e à rudeza do universo físico.

Hoje, o povo chinês tem orgulho dos feitos de seus ancestrais das eras remotas, como também do caminho que fez da China uma das maiores potências mundiais, mantendo para isso a linha da obediência, compaixão e fé, além da paciência, a mais forte característica desse povo. Povo este que prima por manter uma postura digna, em contrapartida ao imediatismo dos povos ocidentais e espelhando-se sempre na linha de seus deuses, que não se importam em esperar três mil anos para que os frutos sagrados floresçam.

Com a inclusão desta obra fundamental da cultura chinesa, acreditamos haver reunido os principais mitos e lendas relativos a esta riquíssima mitologia dos povos do Extremo Oriente, servindo de introdução a todos aqueles que apreciam os verdadeiros devaneios poéticos das raças que são as mitologias de todos os povos.

A autora

PARTE I
ORIGENS DO MUNDO

O GIGANTE PANGU

A CRIAÇÃO SEGUNDO O TAOISMO

Os discípulos, sentados em silêncio aos pés do mestre, ouviam atentamente os seus ensinamentos sobre as origens da tradição taoista chinesa:
— Ouçam agora o que conta o Épico da Escuridão, meus fiéis pupilos... – disse, serenamente, o sábio-mestre, cofiando os bigodes longos, finos e esbranquiçados como uma enguia albina peluda. – Muito antes da existência do universo, já havia deuses segundo os monges taoistas. Tudo era uma nuvem de gás e caos (que aqui significa vazio e escuridão). Depois de éons de esforço, a primeira gota d'água foi criada pelo deus Jiang Ku. No entanto, Lang Da Zi, outro deus, engoliu aquela gota e morreu. Seu corpo foi separado em cinco formas, ou elementos: Metal, Madeira, Água, Fogo e Terra. Da mistura desses elementos originou-se o gigante Pangu: o "Antigo Embrulhado". Imaginemos que nenhum dos antigos deuses era uma galinha cósmica ou algo que o valha – continua o mestre, mantendo a espinha arcada com o peso da sua lúcida velhice já centenária –, mas o fato é que Pangu estava dentro de um ovo negro, uma densa esfera nebulosa de escuridão, duplamente maior que a nossa terra, que flutuava em meio ao gélido Nada.
— E o Nada? Como enxergar o Nada, se o Nada ausência é? – atreveu-se a perguntar um dos pupilos durante um dos longos e lentos intervalos de respiração do mestre. – Por que o vemos trajado de branco ou preto se nem cor o Nada tem...?
— E que barulho o Nada faz, se o ouvirmos? – indagou outro discípulo, encorajado pela ousadia do colega.
— É somente um vácuo infinito sem cor, luz ou som – esclareceu o mestre, acrescentando calmamente: – Este, meus jovens pupilos, era o Caos Primordial, segundo nossa antiga tradição chinesa. E isso era tudo o que havia... e nada mais.

No útero do ovo primordial dormia Pangu, o primeiro ser da existência, oculto sob cabelos lanosos e desgrenhados, barba e sobrancelhas tão emaranhadas entre si que não se sabia onde findava uma e onde começava a outra. Dentre toda aquela penugem bárbara, despontavam apenas dois respeitáveis chifres, que serviam de referência ao cérebro para situar onde era a cabeça e onde se encontravam os pés desta bizarra criatura.

Durante 18 mil anos, dormiu e sonhou o gigante aconchegado naquela esfera, semelhante a um urso no aconchego da sua caverna. Acumulou, neste tempo, o qi[1] de mais de 8 mil Terras no seu interior – energia suficiente para construir ou destruir 8 mil mundos, mas não forte o suficiente para que o gigante se libertasse do invólucro que o aprisionava.

Estava Pangu nessa hibernação quando, em certo tempo, o yin e o yang, as forças que ali estavam contidas, ou o tigre e o dragão[2], respectivamente, começaram a reconhecer as diferenças entre si e a acreditar que suas forças não eram apenas diferentes, mas opostas.

– Se não é igual a mim e não pensa como eu penso, então é meu inimigo ferrenho – disse o tigre, pulando sobre o pescoço do dragão e rasgando-o com suas garras, num escandaloso alarido.

A resposta imediata do dragão foi dilacerar o pescoço do tigre com tal estardalhaço que sacudiu o mundo e acordou Pangu.

– Calem-se! – berrou o colosso, ensurdecido, dando um vigoroso safanão no escuro. – Ou partirei eu mesmo seus pescoços com minhas próprias mãos.

A dualidade obedeceu momentaneamente, e o monstruoso ser, uma vez desperto, pretendeu se esticar e se espreguiçar. Mas, como estivera preso por dezoito mil anos na mesma posição, seus membros entorpecidos bateram nas paredes do ovo. Atordoado

---

1. Fogo que queima nas entranhas e é a energia vital de todos os seres vivos.
2. Figurativamente, o yin e o yang são representados como os animais tigre (yin) e dragão (yang).

e surdo, retornou ao chão como um boneco de engonço, com seu pesado traseiro dando de encontro com o áspero piso. O estrondo avassalador de seu corpo trombando no chão rebombou no espaço.

Logo tudo era silêncio, e o gigante se sentiu outra vez tentado pelo sono... Foi desligando a mente, vazia de experiências, e se viu dividido entre o sono e a vigília. Sua imaginação lhe pregava peças em *flashes* de sonhos, ardis ilusórios de mundos irreais, atraindo-o ao império das trevas como um vampiro de charme diabólico, cheio de segredos e promessas de emoções na obscuridade. Foi quando o caótico útero lhe fez sentir algo que nada mais era do que uma profunda mensagem hipnótica vinda de lugar nenhum:

"Durma... durma bem, Pangu. Somos um só, você e eu. Um só corpo e um só espírito. Somos muito próximos e estamos conectados pelo cordão umbilical da Existência. É por isso que você está tão confortável e quente, bom Pangu... mas nosso cordão logo se partirá."

Yin e yang, que por sua vez não planejavam a paz em momento algum, partiram para nova e ruidosa luta dos opostos, fazendo sacudir o caos, retumbando como mil sinos nos ouvidos de Pangu. O gigante tornou a acordar e, em alarme, saltou tal qual uma mola, fazendo seus chifres baterem de encontro com o teto do ovo. Ao sentir a forte pancada na cabeça, Pangu despertou de vez. Cada fibra de seu ser vibrou com intensidade, envolvendo-o num sentimento de entusiasmo que fez seu coração bater violento e apressado.

– Estou vivo! – exclamou, e uma forte sensação de urgência, a urgência do nascimento, tomou conta de todo o seu ser.

Bastava de dormir.

No afã de tomar fôlego e ver-se em inteira liberdade, o colosso apoderou-se de uma lasca gigantesca de jade que usou instintivamente ao modo de um machado, golpeando vigorosamente a casca do ovo e assim rachando-a. Através da fenda recém-aberta, deu entrada a uma vaga e trêmula luz, que oscilou em meio ao Império das Trevas. O incomensurável bebê se viu afinal livre e respirou com glutonia o ar do mundo, cuja existência acabara de descobrir.

Com a quebra da esfera, deu-se início também o processo de separação do yin e do yang. O Universo se formou ao seu redor, e a serenidade surgiu do cisma. A clara leve e fluída do ovo quebrado flutuou naturalmente, e a outra parte, densa e pesada, despencou.

"Tudo está tão tranquilo... tão perfeito", sentiu ele. "Mas... e se o Céu cair ou a Terra ascender?"

Sua missão de guardião da harmonia falou mais alto, e o gigante, temeroso de que os dois contrapostos se fundissem novamente, ajeitou o yang sobre sua cabeça e fincou firmemente os pés sobre o yin, disposto a manter ambos apartados. Um suor frio correu pela espinha dos dois opostos. Gostavam de brigar, mas sua natureza complementar também os impelia a ficarem juntos.

Para ajudar o gigante nesta hercúlea tarefa, surgiram de além do caos quatro animais sobrenaturais da Imortalidade e da Longevidade: a Tartaruga, o Qilin, o Dragão e a Fênix. Os dois primeiros sustentavam as patas bem presas ao solo, ajudando deste modo o gigante a manter a Terra no lugar, e os dois últimos voavam lá no alto, empurrando os Céus para cima.

Conforme Pangu ia crescendo, o seu "chapéu celestial" subia dez pés a cada dia, cada vez mais leve, alto e luminoso, almejando o pináculo do firmamento. Ascendeu tão prodigiosamente que perfurou densas camadas de nuvens e fez sua morada no mais alto topo do Céu Chinês, também chamado de Tian. A Estrela Polar, que se encontrava no ponto mais alto, girava sobre si mesma, ao redor do seu eixo furado, com o formato de tigela virada para baixo. Neste ininterrupto giro de carrossel, o Céu arrastava consigo os demais astros da abóbada celeste.

Yin, em contrapartida, afundava dez pés a cada dia, ruidosa e pesadamente, tragado pelo abismo até sumir da visão de Pangu, tal qual uma bola chutada por um craque, fazendo dos confins do mundo sua morada.

– Seu brutamonte! – clamava yin para o alto, calcado sob os pés de Pangu. – Prometo não mais provocá-lo com minhas brigas com yang, mas me liberte, tirano.

Mas suas palavras se perdiam na distância e nem chegavam aos ouvidos do seu algoz, ao mesmo tempo tão perto e tão longe de si.

Esta parte descartada dos céus se chamou Terra e possuiu, segundo a lenda, a forma de uma pirâmide quadrangular truncada, cercada pelas águas salgadas dos quatro mares. Assim permaneceu yin, à espera dos mortais que haveriam de habitar ali.

A Tartaruga, o Qilin, o Dragão e a Fênix viam Pangu aumentar três metros por dia. Com o passar do tempo, o colosso de homem foi ficando tão incomensuravelmente alto e tão distante de si mesmo que ao baixar os olhos não via de si mais nem o próprio umbigo.

Seu crescimento durou mais 18 mil anos. Ao cabo desse tempo, o deus tornou-se o gigante dos gigantes, com 90 mil li de altura, uma vez que se desenvolvia a uma velocidade de dez chi diários (o que equivale a 45 mil quilômetros de altura).

"Bem... está cumprida a minha parte. Consegui manter separados o Tigre e o Dragão. Mas isso cansa", concluiu o titã chinês, empertigando o narigão lá nas nuvens. Massageou o tenso pescoço, que estava mais grosso do que um quarto do universo, e ele virado numa montanha de cabelos.

Decidiu colocar as mãos em concha em frente ao abdômen, relaxou os músculos e fechou os olhos, concentrando toda a sua atenção nos movimentos de seu incomensurável corpo, na respiração abdominal, suave e silenciosa, tendo sempre em mente que o seu centro representava o eixo, o centro do Universo. Concentrou, assim, a energia vital e divina de seu qi, poderosa força criada em seu íntimo físico, para poder entender a si mesmo e ao mundo e internalizar o conhecimento dos opostos: céu e terra, alto e baixo, luz e treva, calor e frio, dentro e fora.

Foi neste estado plácido e sagrado que Pangu estabeleceu contato direto com o céu, a terra e as leis que governavam o seu caótico mundo. Isso o fez encontrar novamente o equilíbrio.

Muitas eras se passaram, mas chegou o dia em que o Atlas chinês não suportou mais o peso do céu na cabeça e a pressão dos pés empurrando a terra.

"Graças ao Criador Eu, tudo está onde deveria estar", concluiu Pangu, exaurido.

Estava tão exangue que, ao calar-se, caiu: estava morto.

Ao se extinguir, Pangu deixou ao mundo um respeitável legado:

Do seu ventre originou-se a Montanha Central, e dos seus pés a Montanha Cardeal do Oeste;

do seu braço direito, a Montanha do Norte, e do seu braço esquerdo a Montanha do Sul;

do seu último suspiro originaram-se os ventos e as nuvens, enquanto que de sua voz foi feito o trovão;

o seu olho esquerdo transformou-se no Sol, o direito na Lua, e de ambos surgiu o relâmpago;

o seu sangue e suas lágrimas tornaram-se caudalosos rios e regatos, que correram profusamente por toda a terra;

seu copioso suor caiu trazendo ao mundo o orvalho e a chuva que nutre todas as coisas da terra;

os nervos do deus gigante tornaram-se sinuosas estradas, e os seus músculos se converteram em terras férteis;

seus cabelos e farta barba transformaram-se em prodigiosas e verdes florestas e bambuzais;

sua pele se transformou no solo;

seus ossos e unhas tornaram-se as Pedras da Eternidade, que formaram os minerais básicos;

da sua medula e dentes vieram o jade, outras pedras sagradas e a pérola;

do seu imundo casaco de peles surgiram parasitas, pulgas, bactérias e minúsculas mosquinhas que se espalharam pelo mundo. Levados pelo vento, estes se tornaram os ancestrais dos seres humanos e animais que surgiram e habitaram a Terra.

A morte de Pangu deu então origem a todas as coisas existentes sobre a Terra, que estão à disposição dos seres para frutificarem em benefício do universo.

Assim, quando Pangu está feliz o sol brilha e o tempo é ameno, mas quando está zangado o tempo se fecha e ameaçadoras tempestades se formam nos céus de Tian até hoje.

Ainda se canta na China a "Canção sobre o herói Pangu que rompeu as trevas e buscou a iluminação, criando o Céu e a Terra":
"Pangu dividiu o céu e a terra e criou o sol, a lua e outras estrelas. É graças a Pangu que os seres humanos podem ter brilho..."

Atualmente, Pangu ainda é cultuado por uma grande percentagem de chineses, sendo representado como um velho bárbaro, às vezes gigante, às vezes anão, com dois chifres, duas presas, longuíssimos cabelos e barba emaranhados e o corpo densamente peludo como o de um macaco, além de portar um vigoroso e abissal machado.

Nu Wa, a serpente criadora da humanidade

A DEUSA DA HUMANIDADE

Que drama... a China despovoada. Sem viva alma. A solidão de não ter ninguém mais para compartilhar esta terra, tão rica e vasta, era a maior preocupação de Nu Wa, a deusa serpente.

Com poderes tão incomensuráveis como os que possuía, ela não poderia deixar as coisas como estavam. Era preciso criar vidas, povoar este desabitado mundo.

– Tenho mais a fazer do que ser uma frívola deusa bela, muda e estática. Utilizarei meus poderes para criar algo admirável e, de quebra, desfrutar de companhia – decidiu-se um dia.

Como a divina era feita só de movimento e vontade, logo transmutou seu intento em ação. A primeira coisa que fez foi dirigir-se até o Rio Amarelo em busca de lama, material escolhido para moldar e criar.

Mergulhou fundo nas águas, apanhou um punhado de lama amarela, voltou à superfície e se pôs a moldar sua primeira criatura.

– Uma ave... se chamará galinha! – decidiu, sem quem fosse contra.

E, no primeiro dia, ela modelou exclusivamente galinhas. Muitas galinhas. Tantas fez que o silêncio se viu invadido por um cacarejar infindável à sua volta, e a divina chegou a enxotá-las antes de levar bicadas de barro.

No segundo dia, a deusa sentiu-se impelida a criar algo levemente mais complexo, pois desejava aumentar a sua habilidade com a lama:

– Um pequeno quadrúpede, é o que farei... isso... este será o focinho... agora o rabicho... sim! Chamá-lo-ei de cachorro!

Suas criações se seguiram nos dias seguintes nesse mesmo ritmo. No terceiro dia foram ovelhas, porcos no quarto, vacas no quinto e cavalos no sexto.

– Através de meus poderes de transformação – continuou ela, que falava de si para si – já experimentei voar, andar e me mover esfregando a barriga pelo chão. Posso perceber que me sinto melhor se me movimento de pé do que rastejando – notou a sapientíssima deusa.

Seguindo sua recente nota mental, eis que no sétimo dia surge de suas divinas mãos o primeiro ser humano, semelhante à deusa em sua forma atual, mas com pernas em vez de rabos ofídicos.

Após modelar com toda a paciência a estátua, Nu Wa disse:
– Esta criatura, de cor amarela como o crisântemo, doravante se chamará *ren*.[3]

A lenda não conta como a deusa deu às suas criações o dom da existência. O fato é que o novo ser *ren* mal ficara pronto, já tinha o software do mandarim perfeitamente baixado e instalado no seu honorável hardware de barro amarelo.

– *Xiê-xiê*, minha deusa! *Xiê-xiê*! – agradecia o primeiro chinês, em longas e lentas reverências à sua criadora.

Nu Wa gostou do agradecimento e ficou a admirar longamente a sua obra, amando-a de todo o seu coração.

– Sou uma ótima artesã. Uma *ótima* artesã! – repetia ela, de olhos brilhantes, sem notar que, ao admirar a própria obra, admirava-se a si mesma.

Satisfeita, logo repetiu o processo de mergulhar, trazer a lama e moldar com minúcia outros seres iguais. Trabalhou dia e noite, criando *ren* e mais *ren* por longuíssimo tempo, de forma incansável, originando, assim, a classe alta da mais antiga cultura de inventores de todos os tempos, que já nasciam de leque, quimono e tamanco.

O trabalho de criar, apesar de sublime, após certo tempo acabou por deixar a deusa Nu Wa exausta, e ela adormeceu sobre uma montanha. Quando despertou, sentiu que estava toda molhada. Olhou em volta de si e viu que havia chovido

---

3. *Ren*: pessoa, em chinês.

copiosamente. Da chuva formara-se uma grande poça de água lamacenta, onde jazia um galho de videira derrubado pelo vento. Observando isso, uma boa ideia brotou na cabeça desta deusa de olhos vivos e mãos ligeiras.

– Usarei este galho como instrumento para criar *ren* com mais rapidez e agilidade – expressou-se em voz alta – O meu maior desejo é povoar esta terra.

Dito isso, ergueu a ponta do galho enlameado, fazendo-o girar num grande círculo. Continuou a girar a vareta velozmente, e do barro que respingava surgiam novos seres, tão logo os nacos tocavam o solo. Os pedaços maiores iam virando gente do povo, e dos respingos surgiam novos animais.

Os primeiros seres que foram moldados pela mão da deusa observavam a plebe sendo cuspida da vara que girava da mão dela. Com um olhar crítico e desdenhoso, sentiam-se certos de sua nobreza em relação aos novos seres. Estes últimos, uma vez que não haviam tido a graça, como os primeiros, de serem moldados e aperfeiçoados com terra amarela pelas mãos da divina artista, mal vieram ao mundo já se encontravam abaixo da pirâmide social.

Os vozeirões dos *rens* nobres, decididos quanto à sua superioridade nessa nova hierarquia que se formava, já comandavam com berros ríspidos e bem entonados e com caras de sabichões, crentes no seu poder de comando. Ao infeliz povão só restava obedecer, atarantados que estavam todos, na sua sina vil e ainda tontos pelo nascimento, dobrando-se e desdobrando-se em mil reverências. Desciam, sem descanso, os troncos dos seus abjetos corpos em longa e lenta reverência, entrando em total concordância com a nobreza, enredados como pássaros sob o encanto maléfico de uma faminta serpente.

Não encontrando resistência a seus ferozes comandos, cada vez mais resfolegavam os altivos seres que bufavam, na sua autoritária liderança, entre uma baforada e outra de seus cachimbos de bambu e abanos dos elegantes leques de penas de pavão. Ordenavam para cá, ordenavam para lá, ordenavam para cima, ordenavam para baixo. Não faziam outra coisa, aquela leva de *rens*, afogados em sua sede de poder de comando, que haviam recebido por direito. Fazia parte da sua natureza, o que fazer? Aquele mundo, outrora tão recatado e silencioso, se mostrava agora repleto de balbúrdia e confusão. A deusa acompanhava em espírito os *rens* menos privilegiados, que seguiam em grandes formigueiros de gente em direção aos vastos campos da China como reses para a morte. Ali construíam modestas cabanas e se punham a revolver incansavelmente a terra, sob seus chapéus de cone tradicionais, estendendo-se campo afora, como verdadeiras cidades de torres. Eram uma só alma produzindo o seu arroz.

O MUNDO É RECONSTRUÍDO

A MORTE DA PRIMEIRA CRIATURA

Nu Wa estava muito satisfeita com o mundo que criara. Ouvia agora os agradáveis sons de castelos sendo construídos, de jardins sendo cultivados, da terra sendo virada e revirada, das mudas de arroz sendo transplantadas, espocando sobre a terra fofa e sob o céu da leitosa Via Láctea.

– Vocês já me parecem bem-adaptadas, organizadas e seguras agora, minhas criaturas. Que tenham uma existência próspera! – disse ela, entre frescos abanos de seu esplêndido leque.

Enquanto assim pensava, porém, deparou-se com um humano que, após estranhamente titubear como um bêbado, caiu morto diante dos seus olhos.

– Ó, pobrezinho! – ela o acudiu com presteza, cutucando com a sua vara o corpo mole como um boneco de engonço.

Talvez tenham surgido dali os ditados chineses "não há o bom sem o ruim", "não há vida sem a morte nem início sem a possibilidade do fim".

Ante essas evidências, Nu Wa deixou-se cair desanimada no solo: ela havia perdido um ser de sua criação, e isso era precedente de que perderia os outros. Todos os outros. Teria que repensar e criar mais seres. Muitos mais.

Assim foram definhando em forças e vontades suas criaturas. Assim foram-se perdendo vidas e ideais.

Em breve tempo, bem como havia calculado a deusa, o seu habitado solo estava virado num cemitério. A morte a provocava, desfazendo todo o seu trabalho.

Mas, longe de estar vencida, a divina ficou engenhando uma nova forma de repor os *rén lei* (humanidade).

Yin e Yang: juntai-vos e multiplicai-vos

A ORIGEM DO ACASALAMENTO

"Onde encontrarei ânimo e alento para continuar criando freneticamente, se esta tal de morte se acha no direito de ceifar a vida de minhas amadas criaturas?", conjeturava dia e noite Nu Wa, a Grande Mãe. "Há de existir um modo mais fácil de resolver este problema, fazendo o menor uso possível dessa cruel subtração, mas qual?"

Nada lhe vinha à mente. Seus olhos pousaram então sobre duas jovens criaturas que caminhavam à luz da lua. Até quando teriam estes dois pobres mortais toda a energia e vitalidade do seu poderoso qi? O coração da deusa apiedou-se ao constatar que estas duas belas criaturas virariam pó em breve. *A mente tem o passo ligeiro, mas o coração costuma alcançar mais longe.* Assim, a boa deusa notou um problema bastante básico em suas criações: elas não possuíam polaridades.

Como assim? A maior e a mais prazerosa e excitante de todas as diferenças não havia ainda sido criada nesta sua humanidade. Existiam apenas *ren*, e não *ren-yang* e *ren-yin*. A deusa serpente previu ali, num lampejo, nada mais nada menos do que o acasalamento.

Do abraço ao ato de gerar filhos seria apenas um passo para os chineses. Um tiquinho a mais que faria toda a diferença para a humanidade.

Soprou, então, uma lufada escura de yin (♀) e uma clara de yang (♂) nos dois jovens, para que as energias se desequilibrassem. Um *ren* se converteu em um ereto e rígido macho, e outro em uma suave e sinuosa fêmea de arredondadas formas. Foi uma explosão! O casal olhou um para o outro com um novo olhar. Os seus olhos piscaram languidamente, reconhecendo: "nós... hmm... como dizer... nos... complementamos".

Quatro olhos negros e atraentemente rasgados fixavam-se com igual estupefação, sob a luz de uma lua pálida, que os tornava quase irreais. Suas bocas se atraíam mutuamente até ficarem tão próximas que a fêmea, primeiramente, recuou o passo e olhou para o jovem a sua frente com perplexidade. Os hálitos se cruzaram, frescos e sensuais, e seus lábios se tocaram por instinto, seduzidos e surpresos.

A fêmea ainda tentou resistir ante a novidade e seguir no seu passo inocente, mas o amigo a trouxe de volta e a enlaçou suave e firmemente nos braços. Beijaram-se longa e apaixonadamente. Ela sentiu, contra seus fartos seios, o forte tórax do homem e o seu forte cheiro. Ele a abraçou e sentiu suas sensuais e sedutoras formas com a inteligência das mãos, e o cheiro do suave perfume da sua pele o inebriava. Seus lábios desceram avidamente, e ele sorveu as gotas de suor que deslizavam pelo seu colo, ventre e pelo seu corpo curvilíneo e misterioso. "Que novidade é essa?", perguntava-se ela, despossuída de sua força de reação, entre aqueles braços, lábios e mãos febris. Deixou que seu quimono deslizasse pelos pés enquanto as vestes do amante saíam pela cabeça, pelos braços e pelos pés com a fluidez do vento.

Rolaram na relva úmida e verde como em transe, consumando tão logo o ato esperado pela deusa Nu Wa. "Isso só pode dar certo!", exultou a deusa enquanto o casal, atordoado, sentia explodir dentro de si toda a magia que tentara encontrar, em vão, no universo antes seco e árido.

"Que nasça tanto yin quanto yang! Tantas mulheres quanto homens!", almejou a deusa com o coração acelerado e explorando seu lado voyeur, ao assistir aos casais que se multiplicavam a olhos vistos.

Prosseguiu ela, então, inflando as bochechas divinas e soprando o hálito desequilibrador de atributos, feliz como criança enchendo balão de aniversário, para que os demais seres assexuados se convertessem acertadamente entre macho e fêmea.

– Procriem e tomem para si a tarefa e responsabilidade de repor a humanidade e nutrir seus próprios filhos – ordenou a deusa Nu Wa.

E assim o fizeram, prazerosamente.

A maioria das criaturas estava muito satisfeita com seu novo gênero designado. Quase todos se apegaram as suas próprias forças, seja o poder da solidez do yang ou o poder da suavidade do yin. Aprenderam, desse modo, a viver harmoniosamente de acordo com os seus microcosmos (os universos pessoais) e com o macrocosmo (o universo coletivo).

Procriaram-se e multiplicaram-se os mortais, mais e mais. As nobres donzelas pisavam pelo solo, felizes e saltitantes, seguindo sua natureza, enquanto os homens corriam por aí, na esperança de *xìngjiāo*.

Foi deste modo que Nu Wa, a mais bem-sucedida deusa criadora de todas as mitologias existentes, criou os seres humanos e os levou a se perpetuarem.

A ORIGEM DO ÓDIO DO FILHO DO DEUS DO FOGO

O DEMÔNIO DRACÔNICO CONSPIRA CONTRA SEU PRÓPRIO PAI

Nas batalhas e alianças comuns entre os deuses nos Céus, houve uma guerra que o mais acertado seria chamá-la de Catástrofe, Fim do Mundo ou Apocalipse. O tal combate abalou o Céu e a Terra e mudou completamente o rumo que as coisas tomavam neste mundo.

Tudo começou quando Gong Gong, o demônio dracônico negro, deus da água, responsável por causar dilúvios, inundações e toda espécie de desastres aquáticos, despertou, certa manhã, com uma estranha sensação de vazio. "O que será que me faz esta falta e o que tanto me angustia?", perguntava-se, coçando a nuca com a ponta do seu rabo.

No entanto, diante do farto café da manhã, suprido por *bing*, *tang*, *gao*, *zhou* e *mian*[4], logo esqueceu-se de tais pensamentos. Quando uma borboleta pousou no ombro do deus, todavia, ele parou de mastigar a sua panqueca-*bing* e pôs-se a olhá-la absortamente durante alguns longos segundos. Então, expulsou a mariposa com um piparote ruidoso que magicamente o fez compreender todo o vazio de sua alma.

Percebera nitidamente que o que lhe faltava era o trono do seu pai... a coroa... o poder supremo, enfim. Decidiu-se a tirar a cadeira real do velho com um pataço e ocupá-la ele próprio. Ao dar-se conta da sua vontade, o demônio empurrou a tigela de macarrão a sua frente com a garra preta de dragão negro e gargalhou internamente, como se já saboreasse a doce vitória.

---

4. *Bing* (panqueca), *tang* (sopa), *gao* (rosquinha), *bao* (pão doce), *zhou* (mingau) e *mian* (massa).

Seu maior desejo sempre fora reinar no céu de Tian e derrotar o pai em feroz combate. Nunca lhe dera, o velho, amor algum, sequer o levara para nadar ou pescar na infância, sendo ele o deus da água. Como é comum nesses casos, o filho sequer cogitou que, sendo o pai o deus do fogo, a interação com o elemento água não era uma opção.

– Papai, que tal levar-me para pescar? – implorava o miúdo dragãozinho, então menor que uma lagartixa.

– Calado, seu verme! – respondia o gigantesco deus-pai, sempre atarefado com coisas que não diziam respeito ao pirralho.

Para resumir a ópera, o pai nunca atendia à natureza do filho, que necessitava da água. Assim, fora a indiferença paterna que fizera aflorar em si a malignidade e o levara a se tornar um dragão diabólico que buscava a morte do próprio pai, tal era a teoria do filho.

Instigado por cruéis recordações, ele avivou seu ódio até o último limite, ergueu-se da mesa e se botou porta afora, afiando as suas garras no caminho e fatiando pedras e montanhas como se fossem blocos de manteiga. Ao modo de um tsunami ia de encontro ao palácio celestial, pronto para varrer o deus-pai do Trono Divino.

– É chegada a hora de você morrer e eu reinar, velho retrógrado! – rugiu Gong Gong, assim que chegou diante do trono do pai, num estrondo de fúria dos mares revoltos que abafava até o som dos trovões.

Deus-pai contra Deus-filho
pelo trono celestial

A ÉPICA BATALHA: FOGO X ÁGUA

O soberaníssimo deus dos deuses olhou, semiatônito, para o filho a sua frente, que o desafiava a um duelo. Mascou os fatos por alguns segundos, apenas dando o tempo necessário para a ignição de sua terrível ira.

Sim, iria guerrear com o filho. Um filho mal-agradecido, mas ainda assim sangue do seu sangue. Era ele também um deus e possuía um reino. Tomou a repentina decisão para ver se inibia o impetuoso moleque, acabando de vez com aquele conflito ridículo que vinha desde a infância. Diante do atrevimento do filho ingrato, o soberano deus bradou, explodindo em chamas, nada disposto a se mixar:

– Aceito o desafio! E digo ainda que filhos e coroas só servem para trazer dores de cabeça. Unhas encravadas esbarrando pelas quinas, eis o que são os filhos ingratos! – disse, nem constrangido nem acuado, ao mesmo tempo em que tirava a coroa da cabeça e a substituía pelo elmo de guerra; a espada já em punho.

Os deuses menores, que faziam a corte ao deus supremo e já previam a dimensão da batalha, recuaram automaticamente como se fossem um só e abriram uma clareira no salão do palácio celestial.

"O jovem deus da água deve estar louco!", concluíram todos. "Chegou inconsequentemente vertendo oceanos de pragas contra o poderoso pai, munido de motivo algum que valha tal investida."

– Já fui atacado inúmeras vezes, mas ninguém jamais me venceu – disse o deus do fogo, parecendo ler os pensamentos na tez amarrotada de cada um que os assistia.

– Ninguém jamais foi o deus dos oceanos como eu sou! Posso apagar qualquer fogo, seja de que tamanho for – respondeu o petulante filho.

– Ora, as entranhas da terra queimam com minha fúria escaldante, e nem todos os mares juntos jamais conseguirão domá-la – bradou o deus do fogo, começando a esquentar as pedras do palácio ao fazer o próprio qi queimar mais causticamente. – Se é tão poderoso, deus da água, por que não foi pescar e nadar sozinho na infância, em vez de reclamar pelo resto de seus dias? – acrescentou com um esgar de desprezo, fechando a correia de seu elmo como quem aperta o nó da gravata.

Mal tinha acabado de fazer o último movimento, eis que, num salto feroz e de patas ligeiras, o filho usurpador arranca-lhe a coroa das mãos e a aninha na sua própria cabeça de dragão.

O pai rugiu e saltou sobre o filho como um vulcao em erupção e, numa explosão de pedras, brasas e magma incandescente, arrancou-lhe fora a cabeça com coroa e tudo.

Sendo eles deuses imortais, a luta continuava sanguinolenta e cruel e nenhum deles morria. Era pedaço de carne saltando à direita e presas rasgando entranhas à esquerda, dentes sendo escarrados aos pares em meio às poças de sangue que coagulavam no chão durante o fantástico espetáculo.

A certa altura, o desmiolado dragão talhou o abdômen do pai com suas garras negras, arrancando com a outra pata seus intestinos. Ergueu-os, então, ao ar ainda fumegantes e os esfregou nas fuças do inimigo, que segurava a sua cabeça pelos chifres.

– Queime o qi de suas entranhas agora, velho idiota! – falou a cabeça sem corpo.

– Vai mais essa! – urrou o deus do fogo, queimando a pata do dragão ao elevar infernalmente a temperatura das suas entranhas.

A cabeça aquietou-se no ato, mas o corpo do dragão jogou longe as entranhas do pai num jato, como se fosse uma enorme brasa incandescente.

Logo os dois lutadores readquiriram suas fundamentais partes anatômicas, mas quão longe estavam de recuperar a calma. A cabeça do demônio voltou ao seu lugar de origem, bem arrolhada e tão firme como antes, assim como as entranhas de Zhu Rong. Este, após acomodá-las bem no seu divino ventre, fechou-a como se tivesse um zíper de carne. Feito isso, Gong Gong tornou a voar num movimento serpentino tão brusco que fez um reboar sinistro sacudir seu interior, parecendo que ele guardava dentro de si um depósito de trovões.

Sem uma palavra, seu pai chamou com um gesto a montaria sagrada, o seu poderoso Tigre Cor de Fuligem, e a batalha explodiu de verdade, cada qual usando as suas famosas técnicas divino-marciais secretas.

– Soco da água! – rugiu o deus-filho, avançando com o punho ensopado em direção à barba do velho deus.

"Oh, o soco da água", gritaram alguns da plateia divina, saltando para trás.

– Oh, vem com água, então? Pois que seja! – disse o deus, abrindo sua bocarra repleta de afiados dentes. – Afinal, esta luta me deu uma sede infernal! – e contra-atacou com o "soco do fogo", investindo com seu feroz Tigre Cor de Fuligem de modo a blindar um ataque com outro.

– Uh, o soco do fogo! – gritaram outros deuses da plateia, levando a mão à boca.

O resultado das técnicas foram dois punhos em dois queixos simultaneamente, num ruído de dois mundos em colisão.

As pancadarias da colossal briga, os "crash", "pow", "bang", foram ouvidos por todos os cantos do território celeste e mundano, assim como os bramidos celestiais das deusas implorando para que eles parassem, ou para que alguém de coragem interviesse.

Mas os gritos incentivadores da maioria dos deuses torciam para que prosseguissem, que revidassem à altura e que não deixassem por menos. O deus do trovão e da vingança, Lei Gong, atiçava os briguentos, gritando, a cada golpe: "Vai deixar assim?". Efetivamente, tentavam apagar o fogo com a gasolina e acalmar a água a pedradas.

– É agora que você verá meu poder, velho caquético... cauda da carpa assassina! – tornou a berrar o deus-filho, encharcado e a tremer de frio e ódio, dando um chute giratório com as duas pernas juntas e voando prodigiosamente no ar.

– Pelos mil dragões! – sussurrou alguém da plateia. – A cauda da carpa assassina! Há muitas gerações ouvi falar desse golpe e sempre soube que sua técnica era infalível. A esta o velho não poderá resistir jamais!
– Ih! – fez um.
– Ih! Oh! – fez o outro.
– Ih! Oh! Ah! – fez um último deus, antes de o golpe realmente pegar.

Mas o deus soberano também tinha uma resposta infalível à altura:
– Defesa impenetrável da muralha ígnea de fogo flamejante! – urrou o Deus do Fogo, erguendo-se dentre as cinzas como uma Fenghuang, a fênix chinesa, e queimando de ódio e calor.

Assim, viu-se assada a cauda da carpa que era o seu filho. Gong Gong ergueu a mão aos céus fora da atmosfera, onde, no frio absoluto, congelou seu punho, grudando milhares de estrelas ao redor dos seus dedos.

A classe espectadora celestial estava cada vez mais excitada e dividida nas apostas. Alguns de pé, outros sentados em suas montarias, tinham que se esquivar para não receber na face divina o impacto de uma montanha rochosa virada em meteoro. No furor da batalha, desabavam montanhas e secavam oceanos. Era questão de tempo para os céus desabarem sobre a terra. Parecia o fim do mundo... Pangu choraria se visse.

– Aposto 10 mil frangos assados das oferendas que recebi esta semana que Gong Gong não tomará o trono! – atirou entusiasmado Zao Gongming, o deus da Riqueza e Abundância.

– Há! Pois aposto 90 mil bolinhos de arroz de minhas oferendas que Zhu Rong evaporará com Gong Gong do palácio! E você, Shen Long, arrisca em quem? – perguntou o deus Erlang Shen, segundo filho do Rei Celestial do Norte, concentrando toda a sua atenção no seu terceiro olho da testa, aquele que via a verdade nua e crua.

– Sinceridade por sinceridade, não vou apostar droga nenhuma – respondeu Shen Long, que era um dragão com poder de controlar os ventos e as chuvas. – Meu cérebro se recusa a juntar duas palavras quando se trata de uma luta em que eu não passo de um simples espectador.

Seguiram, assim, pai e filho campo celeste afora em desatino durante incontável tempo, perseguindo um ao outro no mesmo ritmo da água morro abaixo e do fogo morro acima.

Num repente, o chão sumiu sob os pés dos dois guerreiros e eles sentiram um movimento brusco na luz e no ar, despencando abismo abaixo. Numa queda livre e vertical, se viram rodopiando no buraco negro e infinito. Eles haviam conseguido, com os abusos destrutivos, abrir uma enorme fenda no solo divino.

Mal atravessaram os espaços trevosos, engalfinharam-se outra vez, mas Gong Gong já havia esgotado suas forças e entregou os pontos. O Augustíssimo Venerável Zhu Rong saiu vitorioso, conforme já era esperado.

Foi assim, se a lenda não exagera, que o poderoso Zhu Rong livrou-se de ser liquidado por Gong Gong, seu terrível filho dragão e deus da água.

DEUS CABEÇA-DURA DERRUBA UM DOS PILARES QUE SUSTENTA O FIRMAMENTO

CATÁSTROFE ABALA MORTAIS E IMORTAIS

– Meter-se a esquentar com o deus do fogo dá nisso, Gong Gong! – choveram os deboches ao derrotado deus da água, assim que ele acordou do nocaute, causado pelo próprio pai. Estava lavado em suor e vergonha por ter começado uma guerra e terminado miseravelmente vencido.

– Nunca acenda um fogo que não possa apagar – atirou-lhe às fuças com sarcasmo outro deus.

– O deus da água não pôde saciar sua sede de vingança – não faltou aquele que o espicaçasse. – Pôs a mão no fogo, se queimou.

Nada aplacava o soar dos escárnios celestes e nem a humilhação da vertiginosa queda do deus da água diante dos olhos sequiosos dos espectadores que haviam presenciado todos os detalhes da surra que tomara do pai como jamais esperava.

Os tempos vindouros diriam da sua recuperação e, como uma Fênix, Gong Gong se ergueu do solo, sob as saraivadas de zombarias. Sem conseguir, no entanto, conter as fluviais lágrimas de humilhação, disse, com as sobrancelhas fechadas em um temporal negro:

– Vocês me provocam e me desafiam! Zombam de mim! Minha virtude, mestre dos céus, é jamais engolir um desaforo sem cuspir um rio deles em troca. Zhu Rong verá! Todos vocês verão! Os pilares do Céu tremerão e desabarão provocados pela minha ira – e, após jogar à face dos deuses uma torrente de impropérios, ele se ergueu e, num impulso que lhe arrancou do peito um tenebroso grito selvagem, se pôs a bater a cabeça contra a montanha Bizhou, um dos quatro pilares que suportavam o céu sobre a terra. A morada dos deuses tremia a cada pancada que

Gong Gong dava com sua cabeça, o que fez a montanha desabar num estrondo apocalíptico.

Uma hecatombe ecoou nos quatro cantos da abóboda celeste e ricocheteou na terra convulsivamente. As bordas dos céus se derramaram nas montanhas como um escárnio ao poder do povo divino. O deus dragão soltou a sua gargalhada de vitória e, como num passe de mágica, secaram-se suas lágrimas. Sua fronte demonstrava o sabor de sua vingança.

Com a enxurrada, veio abaixo a prepotência dos demais deuses e seus deboches, e eles agora gritavam de puro terror. O lamaçal levou divindades, semidivindades, mortais e imortais, todos na mesma calamidade, causando a maior desgraceira de todos os tempos.

– Ai de nós! – lamentavam-se os deuses, quase se afogando na lama, grudando-se nos picos da montanha, como última tentativa de evitar a decadência de misturar-se com os mortais.

– Justos Céus! – gritavam em pânico, por sua vez, os mortais, de mãos na cabeça ao invés de nadarem. Sofriam e lutavam, pela primeira vez unidos e solidários numa mesma desgraça com os imortais.

Mas nada segurou o céu de Tian, que despencou, literalmente, expurgando seus filhos da morada celeste num memorável dilúvio, recarregando suas nuvens ainda pretas da fuligem da recente guerra feitas pelo deus do fogo.

Como, mitologicamente falando, desgraça pouca é bobagem, um grande incêndio veio contrapor-se de baixo para cima como uma afronta que desdenhava o dilúvio, sobrepondo-se em grandiosidade. Os animais e as feras selvagens, expulsos de suas tocas, juntamente com as aves de rapina, se puseram a devorar as pessoas que vinham arrastadas e a depredar as raras plantações que sobreviviam entre o fogo e a água, desencadeando um flagelo armagedônico.

– Hahahaha! Ora, vejam! – exclamou o Yaoguai[5] maligno, assistindo ao resultado lá do seu inferno. – Nem os deuses escaparam da cólera do dragão. O céu e a terra estão num convulsivo reboliço. O único lugar seguro é aqui no inferno – fez ele a sua propaganda. – Logo se fará ouvir um "rá-tá-tá-tá" nas portas dos meus domínios. Serão os ilustres deuses que estarão batendo histericamente, implorando por abrigo. *Muahahaha!* – gargalhou com esgares de escárnio o demônio reinante de Di Yu.

Com tamanho desfortúnio, o céu se inclinou para a direção noroeste, e a terra afundou em direção sudeste. Um curioso fenômeno começou a ocorrer: a carruagem do sol e a pálida esfera da lua mudaram seus movimentos, forçadas a flutuar de acordo com a inclinação dos céus. Daí em diante, o sol e a lua passaram a surgir no leste e a descer no oeste. Os cursos dos rios desviaram-se, consequentemente, para o mar oriental, provocando tal inundação que os mares transbordaram e a terra ficou totalmente submersa.

Aconteceu, desse modo, exatamente tudo o que mais temia o ancestral deus Pangu: que o céu caísse sobre a terra. Mas foi assim também que o afobado parricida Gong Gong perdeu o trono, a batalha e o motivo que tinha para tanta arrogância.

---

5. Yaoguai: termo chinês que geralmente significa "demônio", sendo mais especificamente espíritos animais perversos, ou seres celestiais decadentes. Em japonês, o termo "yōkai" é um estrangeirismo derivado do chinês "yaoguai".

O gigante Kua Fu

A CICLÓPICA AVENTURA

Este mito de Kua Fu, um dos primeiros e mais famosos na China, fala de um gigante que aspirava, literalmente, alcançar uma estrela, mais precisamente o astro sol. Em sua húbris delirante, planejava afrontá-lo e prendê-lo como a um inimigo subjugado.

Tudo ocorreu quando, em tempos longevos, o mundo era um verdadeiro caos, exatamente como quando Pangu veio ao mundo. Povoado de serpentes venenosas, animais ferozes e aves de rapina, para tornar mais excitante a sobrevivência dos seres do mundo antidiluviano, reservada somente para os fortes.

Correram os tempos, e o descendente do deus criador, Kua Fu, o mais poderoso líder de um clã de gigantes de olhos puxados, era especialista em defender-se usando esses animais peçonhentos.

Jactava-se do costume de catar víboras ferinas e arremessá-las na cara dos seus inimigos, que agonizavam de forma terrível e morriam. Falo inimigos, e não adversários, pois ninguém era páreo para ele. Na verdade, queriam derrubar sua fama e sua força, mas cada um que se propunha a enfrentá-lo era deposto do seu orgulho e jazia estirado em poucos segundos. Era de se admirar que alguém ainda se apresentasse para enfrentá-lo. Mas o orgulho humano não admite superioridades e rechaça a ideia de deuses na terra. Partindo desse princípio, liquidou mais de mil e era sempre ovacionado a cada golpe mortal.

Tinha como adorno, em suas orelhas, duas cobras que pendiam hostilmente dos lados da sua cabeçorra como dois brincos, sempre prontas para dar o bote no infeliz que se aproximasse.

– Bugha! Pisar pé Kua Fu – dizia ele aos gigantes destrambelhados que lhe pisavam nos calos, e então os matava jogando-lhes as serpentes peçonhentas na cara ou a pauladas com um tronco de árvore.

Kua Fu era forte, e disso não se podia duvidar. Mas existiam bichos que voavam e não precisavam de força, pois eram muito velozes e ágeis.

– Bugha! Caca cabeça Kua Fu! – dizia o gigante oriental com um borrão malcheiroso na enorme testa antes de correr, pular com suas pernas grossas como múltiplas toras e alcançar a enorme criatura voadora que o havia acertado. Batendo uma palma no ar, o gigante não tinha pena do que sobrava da ave: apenas uma pinta no meio de suas grotescas mãos.

No auge de um verão, já de manhã, surgiu um sol inclemente com a vida pré-histórica na terra e, no decorrer do dia, tornara-se tão abrasador que as plantas ficaram queimadas, os rios secaram e as pessoas padeciam terrivelmente de fome, sede e calor. Os humanos famintos e as bestas descontroladas destruíam as poucas raízes que restavam no subsolo dos campos.

Neste dia Kua Fu, já com o suor seco e grudado no seu corpo devido ao excesso de calor, revoltou-se e, com os miolos amolecidos, subiu numa rocha e ergueu os braços cheios de pedras nas mãos. Jogou-as violentamente para cima como a enfrentar os deuses, numa indignação justa. Exigiu silêncio ao seu clã e urrou ameaçadoramente:

– Bugha... sol queima clã Kua Fu. Kua Fu pega sol e cabum. Sol obedece. Kua Fu pisa Sol – prometeu o valente líder dos poderosos gigantes, sendo o primeiro político de que se tem conhecimento.

Após sua ofensiva ao astro rei, recebeu o líder os aplausos onomatopeicos dos gigantes, que fizeram a terra estremecer.

O astro sol continuou seu trajeto e, imune às ameaças de Kua Fu, seguiu queimando o que podia e deixando atrás de si um rastro de terra dizimada, além de rios e lagos secos e desérticos.

O épico gigante não estava para brincadeiras. Assim, sem perda de tempo, deixou seu clã para trás e pôs-se a perseguir o tirano, que seguia com sua carruagem de fogo.

Mas alcançar o sol não era tão fácil como pegar víboras, águias e outros gigantes. Depois de horas de corrida, exausto, parou para descansar. Sacudiu a poeira das solas dos pés e gerou com isso uma colina. Pegou três pedras para cozinhar a sua carne, e elas se transformaram em uma cordilheira de três montanhas.

Kua Fu correu por muitos dias atrás do sol até que, finalmente, deparou-se com ele logo acima de sua cabeça. Entusiasmado, o herói estendeu os braços para capturá-lo, mas o sol fez-lhe uma surpresa:

– Muito bem, e agora, sabichão? – perguntou-lhe a bola ardente, chamejando por detrás da montanha com seu calor insuportável.

– Bughááá... – apenas grunhiu Kua Fu em resposta, num último esforço, e sentiu a garganta devorada pela sede, o que o fez retroceder morro abaixo rumo ao Rio Amarelo e o bebeu inteiro. Passou deste para Rio Wei, e o sorveu num gole só; e sugou o Grande Lago como um aperitivo; e teria bebido tantos quantos rios e lagos tivesse achado pela frente, tão sequioso estava de água e justiça.

Reavivou seu intento de dominar o sol, mas caiu de exaustão ao primeiro passo e só conseguiu articular:

– Kua Fu sede... *arf...* – disse ele, ao sentir que sua vida chegava ao fim. Jogou, então, o seu cajado o mais longe que pôde, num último grito de protesto e de prece.

Como resposta, os deuses fizeram florescer, no lugar onde caiu o bastão do gigante, uma exuberante floresta de pessegueiros, que davam frutos e sombra durante o ano todo, não importando as estações, proporcionando abrigo e alimento aos peregrinos e camponeses que trabalhavam duro de sol a sol.

Este foi o fim de Kua Fu, o gigante que almejou alto demais, tentando se impor contra a força da natureza.

A audácia deste Ícaro chinês inspirou e fortaleceu o povo asiático a não desanimar ante o sol inclemente. Este mito expressa o forte desejo dos sofridos povos chineses em resolver o problema da seca, que sistematicamente assolava o país.

Há um monte chamado "Montanha Kua Fu", em homenagem ao herói mártir, e seu espírito imortal continua inspirando e incentivando, até hoje, o povo chinês a lutar contra a tirania do sol, da natureza, além do despotismo de outros povos.

DEUS FU XI DESCE À TERRA

INVENÇÃO DA ESCRITA

Conta-se que a deusa Nu Wa só criou os humanos para dar trabalho a Fu Xi, seu deus irmão. Afinal, uma vez criados os *ren lei* (humanidade), era necessário dar-lhes assistência constante.

"Pôr filhos no mundo é mais fácil do que criá-los e assisti--los", pensava o deus Fu Xi, não sem certa inveja da ideia e da atitude da irmã.

Certa noite, o deus ficou observando os primeiros humanos lá do alto do Império de Tian. Não havia dúvidas de que a irmã Nu Wa havia feito um belo trabalho, mas em vez de parabenizá--la ele falou:

– Quero colaborar com o teu feito e fazer alguma coisa em prol dos humanos. Esses seres a quem você deu vida são inábeis e, naturalmente, despreparados para enfrentar os desafios na Terra. Pobres e frágeis mortais, sequer são munidos de armaduras ou proteção contra intempéries e agressões dos predadores. Só lhes resta usarem da percepção mental, ter consciência dos perigos que os cercam e guardar na memória os acontecidos.

Passaram os dois a observar juntos os mortais lá embaixo, e Nu Wa concordou que realmente os outros animais tinham uma forma de defesa. Viu o búfalo, que tinha pele de couro grosso; a raposa, cuja magnífica pele a protegia do frio; e as tartarugas, que, malgrado sua lerdeza, se encontravam seguras e protegidas na dura casca que carregavam às costas como uma fortaleza. As cobras tinham venenos; as feras, garras e presas; as aves podiam voar. Mas os seus amados humanos encontravam-se em desvantagem.

– O que será deles se nós, os deuses, não os assistirmos? Por isso me proponho a favorecê-los de alguma forma, ou descendo à Terra ou fazendo-os sensíveis e suscetíveis a nossos propósitos a ponto de acreditarem e aceitarem a nossa ajuda – propôs ele.

Realmente, ao olhar lá de cima, percebia-se a falta de organização, ordem moral e social dos humanos. Os filhos vinham atrelados apenas às mães, e seus pais permaneciam desconhecidos, até porque não sabiam de sua participação na paternidade e nem que o que gerava a descendência era o sexo, tido apenas como uma fome ou uma sede.

Os dois deuses viam tudo: passado, presente e futuro. Brincavam com a linha do tempo lá em cima, jogando-o para frente e para trás, como deuses que eram. E deduziram que era insatisfatória a forma como os homens resolviam as coisas: catando alimentos com as mãos, caçando como feras, com a força bruta, tomando água da chuva ou localizando algum lago ou rio. Eram grotescos ao devorar suas caças inteiras, com couro e cabelo e tudo, e beber o seu sangue. Entravam dentro das peles ainda quentes como proteção do frio e da chuva, em vez de curtir o couro.

– Veja como eles estão usando a inteligência e sobem nas árvores para se protegerem dos animais ferozes – disse Nu Wa, procurando uma forma de defender as suas criaturas.

– Sim, mas temos que ensiná-los a plantar e fazer uma proteção permanente e usar o fogo para assustar as feras, cozinhar a carne e com a fumaça afastar os insetos que os perturbam, causando desconforto e doença.

– Toda esta deficiência no agir é devido à inexperiência de uma geração nova que não tem ainda anciãos que os ampare e os ensine com seus exemplos – disse ela. – É preciso que aprendam com a necessidade, e assim irão se desenvolvendo dia a dia, uma vez que possuem entendimento.

– Entendimento possuem, por isso vou descer à Terra, ensinar-lhes a magia da natureza e fazê-los conhecer a força dos ventos, as fases da lua, o canto dos pássaros e os ciclos das estações e como isso influencia no plantio. Precisamos despertá-los para os mistérios da espiritualidade, para que aceitem o inexplicável e se fortaleçam nas coisas que lhes cabe mudar.

– Tempo virá em que poderão se utilizar da arte da adivinhação, jogando as três moedas com furo no meio, a plastromancia, observação das fissuras do casco da barriga de uma tartaruga, e possuirão um dia o I Ching, o Livro das Mutações – devaneava a deusa com os olhos voltados para o futuro.
– Para isso quero prepará-los. Vou logo descer e fazê-los saber que existe o divino que os protege e com o qual eles poderão contar sempre – disse ele, e desceu como um raio.

Ela ficou observando enquanto o irmão aterrissou em sua nuvem e logo pôs mãos à obra.

Começou unindo em casamento o homem e a mulher; regulou, sem demora, os cinco estágios das mudanças e criou as leis da humanidade[6].

Em seguida ele classificou, com os números cósmicos, o casco de uma Tartaruga Celestial que andava pela Terra e acabou inventando, também, o quadrado mágico:

4	9	2
3	5	7
8	1	6

Dedicou-se com prazer a fazer os cálculos e não importava em que direçao Fu Xi olhasse, fosse na diagonal, vertical ou horizontal, quando somava os dígitos de qualquer linha, ele obtinha o número quinze. Sentiu-se terrivelmente esperto com o achado.

Nu Wa continuava assistindo aos progressos do irmão lá na terra, de dentro de sua carruagem puxada pelos Tianlong, dragões que guardavam os palácios celestes, e batia palmas de admiração, incentivando os progressos dos humanos que evoluíam com a magia do quadrado.

Fu Xi não desanimava, e ensinou aos mortais a agricultura, a domesticação dos animais, a escrita e todas as outras habilidades

---

6. Curioso de se ver que, nesta mitologia, quem criou o sexo foi uma mulher, Nu Wa, e o casamento, um homem, Fu Xi.

criativas do homem. Fê-los observar e compreender os astros ao contemplar a disposição das imagens no céu e comparar com os resultados que ocorriam na terra.

– Há uma época para plantar, dependendo de cada tipo de grão, e o tempo da colheita também – foi o que disse o divino Fu Xi para os lavradores. – É só observar as estações do ano e os sinais do céu e as fases da lua que influenciam a plantação. Como também a mudança de maré, a pesca.

Ensinou com paciência a torcer fibras vegetais para formar cordas de todas as larguras e comprimentos. Com as mais finas, tecia linhas de pesca e redes para se pescar peixes e frutos do mar. Com as mais grossas, trançou pontes fortes com que se podia fazer a travessia de um pico de uma montanha a outra em busca de comida. Ensinou-os a fazer ferramentas para o plantio e a caça, a criar e domesticar animais.

Despertou-lhes a inteligência na defesa contra animais ferozes. De ramos verdes de figueiras fez arcos, e dos gravetos secos fez setas e levou-os a caçar com isso. Coletou com eles cogumelos pretos das florestas, ervas selvagens das planícies e agriões amargos que cresciam ao longo das margens dos córregos. Ensinou-lhes a administrar o alimento sem desperdício e a manter estoque de frutas secas para época de caristia, como também a registrar as quantias e qualidades de alimentos para que pudessem ser distribuídos para todos e nos tempos necessários.

– E com o que sobrar vocês podem praticar o escambo, ou seja, troquem flores por pedras de diamantes, pedras por animais, animais por cereais e tudo o mais que for conveniente para o momento.

Mas muitas vezes o povo esquecia o valor de cada coisa e o que significava, e então a confusão estava formada. Acusavam-se uns aos outros, acreditando terem sido lograods, e a briga estava feita.

Mas Fu Xi os trazia à razão com a representação de pequenas imagens e números esculpidos em ossos, casco de tartaruga, sendo que cada uma representava um conceito, numa forma de escrita primitiva.

– Aprendam enquanto estou com vocês – estimulava Fu Xi, incentivando-os a acelerarem o crescimento, por saber que seu prazo na terra se esgotava e teria que retornar ao Reino Celeste.

– Não nos abandone, precisamos de sua ajuda! – clamavam todos para o deus, a cada vez que ele mencionava a sua partida.

– Não se perturbem com a minha ida, pois vou assisti-los de onde estiver e os socorrerei a cada invocação, desde que seja feito um pedido com intenção altruísta e com um ritual interativo e coletivo. Acendam incenso que a fumaça chegará até mim como uma forma de prece silenciosa. Os céus também veem de bom grado aqueles que se desfazem de alguns pertences para ofertarem com generosidade aos deuses, que saberão recompensá-los.

Fu Xi, que era adepto das férias (provavelmente também invenção sua), começou a dar pequenas fugidas ao império celeste e, com isso, preparou-os gradativamente para sua ausência definitiva. Ensinou-lhes, enfim, como consultarem o oráculo e se sentirem mais fortes e confiantes.

– Para se saber o que vai acontecer amanhã ou ganhar o controle do mundo, existem incalculáveis métodos. Deixe-me mostrar-lhes – disse o deus, inventando os *baguà* ou "oito trigramas":[7]

☰	☱	☲	☳	☴	☵	☶	☷
Céu	Lago	Fogo	Trovão	Vento	Água	Montanha	Terra

Ensinou-lhes como usá-los. Poderiam ser transformados em inúmeros padrões. Alguns deles significavam segurança, outros, perigo iminente. Alguns aconselhavam a permanecer no local, outros, a se mudar. Uns exortavam-os a atacar, e outros, a aguardar pacientemente no campo de batalha. Lendo os padrões das varas, as pessoas podiam esclarecer suas sortes e fazerem escolhas acertadas sobre suas ações futuras.

---

7. Fu Xi reparte a honra de ter inventado os Oito Trigramas com Hou Ji (Qi).

Despertou ainda no povo o sentimento de altruísmo e fez com que lembrassem seus êxitos e fracassos contando histórias e dando-lhe exemplos e, para tocar seus corações, deu-lhes o seu último presente: o dom da música. Ensinou-os a fazer um Pa Pi, uma espécie de alaúde de belas curvas. Encantou a todos com suas notas musicais. Circundavam-no para ouvi-lo tocar, imitando o som da água que flui sobre as rocha, do vento que sopra contra as árvores e os cascos dos cavalos galopando frente à batalha.

Assim, o próprio povo aprendia como usar o Pi Pa para enriquecer as histórias, que se tornavam inesquecíveis e passadas de geração para geração. Tinha ainda o dom de acalmar as angústias e sentimentos selvagens.

Cada vez que alguém extraía um som do Pi Pa, o ar ganhava vida, as lágrimas de emoção brotavam dos olhos sofridos do povo chinês e a fantasia levava-os a terras longínquas e desconhecidas, onde jorrava saquê, o arroz brotava espontaneamente e não havia intempéries.

Foi deste modo que o herói Fu Xi, o primeiro Soberano do mundo, viveu nos remotos tempos entre os seres humanos para ensinar-lhes as habilidades da vida, o uso do fogo, a pesca, a caça, a escrita, a leitura do oráculo que desvendava os segredos do futuro e, por fim, a música para dar encanto a tudo isso.

O DEUS QUE VIRA MESTRE

O PAÍS DA LUZ: A BUSCA DO FOGO NO OCIDENTE

Este mito, tal como o anterior, fala sobre os primórdios da existência humana, em que os homens devoravam os alimentos crus. Mas este conto foca-se no herói que busca o controle sobre o fogo.

Quando assim era, a noite os assustava, e a escuridão e os ruídos da floresta eram um verdadeiro terror. Agrupavam-se encolhidos nas sombras, tremendo impotentes diante dos uivos de animais selvagens, que ecoavam intermitentes nas negras cavernas, florestas e montanhas.

Para que os humanos entendessem o fogo e fizessem uso dele, Fu Xi enviou-lhes uma tremenda tempestade com raios e trovões, incendiando as árvores. Isso fez com que todos corressem apavorados em busca das cavernas para se esconderem, enquanto a floresta se tornava um mar de labaredas.

Quando a tempestade passou, já era noite. Um deles captou a mensagem do deus ao ver a luminosidade lá fora e, aproximando-se dela, percebeu o grande calor que emitia. Chamou então os demais, que tremiam de frio, para mostrar-lhes os resultados.

– Venham todos! – convidou, animado. – Venham cá. Esta coisa luminosa tem luz e calor e é do que nós precisamos. Vamos aproveitá-la.

Todos se agruparam em frente às árvores queimadas e então se deram conta de que, além de estar mais quentinho ali, sentiam-se mais seguros, pois não viram nem as feras selvagens se aproximarem e nem os insetos.

Na mata incendiada encontraram animais mortos, cuja carne exalava um cheiro gostoso e convidativo. Famintos, eles as experimentaram.

– Ohh... isto é muito bom! – disseram, abrindo um largo sorriso com as bocas cheias de carne e as caras sujas de fuligem.

Mas logo o entusiasmo de todos diminuiu, pois o fogo foi se extinguindo até deixá-los imersos na mais negra escuridão e no mais horripilante frio.

O deus Fu Xi, vendo isso lá dos céus, penetrou no sonho do jovem que havia se aproximado do fogo e disse-lhe:

– No Ocidente existe um País da Luz. Você pode ir lá para buscar sua chama. Acorde, rapaz, vá em busca deste fogo e você entenderá como usá-lo.

O jovem abriu os olhos e logo se lembrou das palavras do deus. Sentindo-se forte, preparou-se e partiu sem tardar na sua heroica missão.

Após atravessar grandes rios, imensas florestas e altas montanhas, o jovem chinês chegou, finalmente, ao lugar indicado pelo deus. Mas não havia lá nem luz solar nem qualquer chama acesa. O mundo ali não passava de uma escuridão constante e infinita.

Decepcionado e exausto, o pesquisador sentou-se embaixo de uma grande árvore e começou a chorar. De repente, sob a cortina de lágrimas, enxergou pequenas faíscas à sua frente. Constatou que eram pássaros que comiam pequenos insetos na árvore. Aproximou-se para verificar como isso ocorria e viu que o brilho provinha do atrito entre o bico das aves e o tronco das árvores.

Inspirado pela cena, o jovem pegou um galho de salgueiro e começou a friccionar no tronco. Pouco a pouco, os atritos provocaram fumaça e, finalmente, surgiu o fogo de suas próprias mãos, fazendo brotar lágrimas de emoção de seus olhos puxados e comovidos.

"Mágica!", ele pensou primeiramente. "Consigo fazer magia", e ficou de olhos vidrados nas labaredas que aumentavam nos gravetos com o vento e na sua alma com o brio pela façanha. "Isso é coisa de divindade! Serei eu um mortal que virou deus, como o deus do trovão, ou Fu Xi e Nu Wa?"

O jovem herói voltou então à terra natal e ensinou a seus conterrâneos a técnica de produzir fogo com fricções. Assegurou--lhes que o fogo os manteria seguros e confortáveis durante as noites frias, uma vez que os animais ferozes temem as chamas e os insetos as evitam.

Começou, assim, o uso do fogo, e os seres humanos a cozinharem o alimento, o que os diferenciava dos outros animais. Por enquanto, acharam necessário só colocar no fogo as carnes vermelhas e de aves, e os peixes preferiam digerir crus.

A coragem e sabedoria do rapaz correu mundo. Elegeram-no líder e o chamaram de Suiren, o Homem da Pedra, e, mais tarde, de Suirenshi, nome originado de uma ave que bicava uma gigantesca árvore chamada Sui, produzindo grande quantidade de faíscas. "Sui" significa, literalmente, "sílex", "ren" significa "humano" e "shi", que foi acoplado mais tarde a seu nome, é um adereço que rememora e exalta os antigos heróis.

Vejam só como a curiosidade bem dirigida de um ousado rapaz trouxe benefícios para a humanidade até hoje.

O NASCIMENTO E APRISIONAMENTO DO DEUS DO TROVÃO

CAMPONÊS ENFRENTA UM DEUS

Tudo começou quando Wen Wang foi capturado por perversos inimigos. Seu filho adotivo, um rapagão arrogante, forte e audaz, tomou as devidas providências para libertar seu pai e foi em busca de armas adequadas para vencer os raptores.

Caminhava o filho, havia dias, por uma estrada, sem comer um único grão de arroz ou carne, quando se deparou com um descomunal pessegueiro cuja copa alcançava as nuvens. Mais faminto do que o glutão Tao Tie[8], olhou para cima em busca de frutos. Nem cogitou de subir pelo tronco até alcançar o céu e surrupiar as armas dos deuses. Não, não, mas também não foi preciso: estas lhe caíram às mãos.

Seu instinto de sobrevivência colocava em primeiro plano saciar a sede com o único pêssego que pôde ver. Era enorme, avermelhado, maduro e suculento, tudo aumentado pela sua fome e boca que salivava. Mantinha-se o fruto um tanto oculto entre as folhas, mas isso não era problema. Prontamente puxou o galho, deu um salto e o pêssego já estava na mão e entre seus afiados dentes.

Num repente, sua boca foi se transformando num enorme bico de coruja, sentiu que em suas costas cresciam demoníacas asas de morcego e suas unhas se transformaram em enormes presas, parecendo garras de coruja. Sua pele ficou estranhamente azulada e, numa metamorfose rápida, virou um dragão de formas humanoides.

---

8. Figura mitológica semelhante à gárgula, muitas vezes encontrada em vasilhas de bronze antigas, representando a ganância. Diz-se ser o quinto filho de um dragão e com tamanho apetite que come sua própria cabeça.

Ei-lo agora em carne, osso e divindade, transformado em Lei Gong, o deus do trovão. Satisfeito com a mudança, devido à força que isso lhe atribuía, além do aroma de pêssego que exalava, o jovem exclamou:

– Isto é uma maravilha! – e tascou uma segunda mordida no pêssego, devorando-o com caroço e tudo.

E eis a nova surpresa: em suas garras-mãos surgiram um maço[9], um cinzel e um tambor.

Impávido e deslumbrado, este Thor chinês empunhou o artefato bem alto. Imediatamente, o céu escureceu e uma tremenda tempestade riscou o firmamento com relâmpagos e trovões. Baixou então a mão, e o sol voltou a brilhar. Tornou a erguê-la e a tempestade voltou a tomar conta de tudo.

Extasiado com seu próprio poder, ergueu, baixou, ergueu, baixou e golpeou, então, com toda a força no tambor. "*Cabrum!*" Retumbou uma trovoada escabrosa nos céus chineses.

Embevecido com sua divindade, congratulou-se consigo mesmo por ter, com o maço e o tambor, criado o fenômeno do trovão e a capacidade de controlar este elemento natural, de fazer chover, trovejar e limpar o céu a seu bel prazer:

– Ah, se meu pai me visse nesta hora! – proclamou em altos brados, cheio de soberba e empáfia.

E naquele dia choveu, choveu e trovejou como nunca tinha acontecido nos céus da China. Tudo fruto do poder do mortal que se tornou deus e brincava com isso.

Ancho com o seu poder de se ver dadivosamente transformado, de um minuto para o outro, em Lei Gong, um dos deuses mais influentes dos céus de Tian, o ex-mortal em seguida foi libertar o seu pai, o que fez facilmente. Pois, como um deus--dragão-coruja-azul dotado de artefatos divinos, não há proeza impossível num mero resgate de mortais.

Nesta função de orquestrar os fenômenos atmosféricos, aliou--se Lei Gong a parceiros e formou o famoso Bando Meteorológico.

---

9. Ferramenta parecida com o martelo, usada para golpear ou percutir.

Entre eles Dian Mu, a "Mãe do Raio", que utilizava dois pratos prateados polidos como espelhos refletores para criar raios. Ela tornou-se, em breve, esposa do novo deus do trovão e, consequentemente, a Deusa do Raio.

Fazia parte do grupo das tempestades Yun Tong, o "Jovem da Nuvem", que chicoteava as nuvens, controlando-as ao modo de um rebanho de ovelhas pelo pasto. Também Yu Zi, o "Mestre da Chuva", que causava aguaceiros jogando a sua espada em uma panela d'água, e, finalmente, Feng Bo, o "Ancião do Vento", que causava ventanias manipulando uma espécie de fole feito com um saco de pele de cabra. Ancião este que foi, mais tarde, deslealmente preterido em favor de Feng Po Po, a "Madame do Vento".

Lei Gong teve um filho com Dian Mu, chamado Lei Zhen Zi (Filho do Trovão). Ele nasceu supostamente de um ovo, que foi aberto com um raio pelo deus, após uma tremenda tempestade.

As duas divindades consideraram-se pais legítimos de Lei Zhen pelo fato de terem sido eles a abrirem o ovo que nem mesmo haviam posto (acredita-se).

O bebê foi levado para Wen Wang, que já tinha 99 filhos, mas mesmo assim o adotou e o enviou como discípulo a um eremita taoista.

O filho do Trovão trazia consigo os símbolos do poder do vento e do trovão e o seu direito de primogenitura, além de possuir asas e garras. Certo dia, encontrou dois damascos que se transformaram em um monstro alado com cara verde, nariz pontudo e presas.

Assim, bem assessorado por este monstrinho e armado até os dentes, Lei Gong, o deus do Trovão, deu livre acesso a sua doce vingança absolutista que pôde livremente aplicar a todos os seus desafetos.

De tal forma a húbris apoderou-se desse deus-dragão que ele resolveu trocar a brincadeira por aviltamentos de verdade. E podia.

– Que inundem as plantações e que morra o gado e o camponês! Por quê? Ora, *porque eu posso! Muahaha* – vociferou Lei

Gong, de maço em punho e o cinzel para rascunhar o céu com raios. – Vou me divertir caçando os humanos e mostrando quem é o verdadeiro mandachuva aqui! – exclamou exultante o desumano, sem lembrar-se que um dia havia sido humano e mortal.

Abriu as asas e ao mesmo tempo as comportas das nuvens e desandou o mais catastrófico dilúvio entre trovoadas e raios. Não satisfeito com isso, sobrevoou deleitando-se com o sofrimento alheio. As desgraças dos outros só fortificavam a sua certeza de ser um deus onipotente e imbatível. Gargalhou a seu modo de trovão, divertindo-se, e só não gritou que amava toda esta desgraceira por que só sabia odiar.

Dentro dessa confusa calamidade, só restou um que nao se curvava ao deus e, revoltado contra a tirania, ousou enfrentá-lo, gritando:

– Basta de empáfia, deus menor, de alma anã! Qual o prazer em sacrificar os miseráveis camponeses que nada lhe devem? Basta de calamidades, de miséria e de destruição ocasionadas por sua prepotência desmesurada!

– RAIOS! *Eu, menor*? Que afronta é esta, verme bastardo?

E como resposta enviou um trovão que fez desabar tudo e abalar as bases da terra, mas não abalou a coragem do lavrador, que não temia a morte e ressurgiu dentre os escombros bradando aos céus.

– Pelos poderes da deusa criadora Nu Wa, apareça, deus amador e covarde! Basta de se esconder atrás das nuvens! Destruiu o que não criou, agora enfrente o julgamento de quem criou os *ren*!

Não acreditando na afronta a seus tao grandes e recentes poderes, o deus afastou as nuvens com as mãos para ver de perto o desaforado.

– Raios duplos! Raios triplos! Raios que o partam! – vazou de sua boca funesta, com o maço e o cinzel em riste.

Descontrolado, lançou-se do céu em direção à Terra, na certeza de que o campônio cairia morto de pavor ante a sua prodigiosa e ameaçadora presença.

Mas o lavrador, inabalável em sua fé em Nu Wa, enfrentou o inimigo apenas com sua forquilha de ferro e sua postura de herói defensor de causa justa. Firmou os seus pés no chão e o recebeu engarfando seu traseiro de dragão, que, por si só, se espetou, tal a sua velocidade.

Rápido e ágil, o lavrador jogou-o para dentro de uma jaula de ferro e fechou a portinhola com pressa, imune aos uivos.

– Ora, aí está o resultado de sua perversidade! – exclamou o camponês, com propriedade. – Veja quanto a vida pode ser cruel! Grite agora quanto quiser! Peça piedade aos deuses, estou certo de que serão tão surdos como você foi com os humanos. Veja a que foi reduzida a sua presunção, agora está inerte e passivo aguardando decisões superiores.

Na perplexidade do choque, o deus do Trovão piscou várias vezes para se convencer da nova realidade. Num impacto, tentou quebrar a jaula, mas, para sua surpresa, seus poderes e suas energias falharam miseravelmente. Ninguém pode imaginar o quanto praguejou esse deus. Choviam ameaças, pingavam-lhe intimidações na língua dos deuses e dos homens, até a voz ficar rouca.

– Quem foi o desgraçado que sugou o meu qi? Que jaula maldita é esta que não cede ao meu prestigioso poder? Que deus bastardo usurpou das minhas regalias? – bradava o prisioneiro, em estado miserável ao prever que voltaria a ser mortal.

Vencido o deus dragão, a terra voltou às calmarias. As enchentes regrediram, e as nuvens se dissiparam. O sol brilhou como nunca, e os ventos tornaram-se brisa suave.

– Estamos seguros, meus filhos, agora com a proteção da deusa criadora! Tudo está bem! – disse o camponês ao casal de filhos neste memorável dia. – Agora que este déspota está preso, secando como um rato envenenado – acrescentou o camponês aos filhos –, vou ao mercado comprar ervas para colocá-lo em conserva. Mantenham-se bem longe da gaiola e não lhe dirijam a palavra em hipótese alguma, por mais que ele ameace. E não lhe deem água para beber, por mais que o canalha implore.

– Deixe comigo, pai! – disse o filho resolutamente diante da majestade dos elementos da natureza, enquanto a menina anuía com a cabeça.

Ora, estando tudo entendido, foi o lavrador para o mercado, confiando nos seus filhos como bons guardiões. Esquecera-se, porém, de avisá-los de que o poder do dragão lhe provinha da água.

Mal o senhor do Trovão viu seu algoz dar-lhe as costas, fez-se de vítima e suplicou às crianças, com voz serena, que lhe matassem a sede. E tanto insistiu que as crianças, a uma distância segura, deram-lhe um pouco de água numa ponta da vara.

A primeira gota que lhe caiu nos lábios fê-lo voltar ao monstro que era. A vítima virou vilão novamente, com a presteza de um escolado saltimbanco que tira a execrável máscara para envergar logo em seguida a toga inquisidora do juiz vingador.

Ergueu-se de um salto e, aumentando assombrosamente de tamanho e poder, empunhou o seu porrete ameaçadoramente. Seu olhar tornou-se duro e cruel, e com um só dedo destruiu a jaula, como se fosse feita de papel. O céu enegreceu, e raios e trovões ribombaram de lado a lado.

As crianças recuaram aterrorizadas.

– *Ai*! – aterrorizou-se a menina, de mãos na cabeça, sem dizer nada mais.

– É o fim do mundo! – gritou o menino, em prantos.

– Acalmem-se, pequenos – disse-lhes o deus –, pois serei bonzinho e pouparei vocês dois, que me ajudaram.

Colocou a mão no próprio bico e dali arrancou uma de suas presas, que deu às crianças, acrescentando:

– Plantem-na, pois ela lhes será a salvação. Usem os frutos que meu dente gerar para sobreviverem à calamidade que se abaterá hoje sobre a terra. A partir deste momento, pequena irmã, você se chamará Nu Wa, e você, pequeno irmão, será Fu Xi. Usem estes nomes, pois serão seus nomes divinos.

Dito isto, com dois ou três bater de asas o deus do Trovão cortou os ares e retornou aos céus de Tian como se de lá jamais tivesse saído.

Mortais sobem aos céus

FILHOS DE CAMPONÊS VIRAM DEUSES

Este mito tem como base a história anterior, em que o deus do trovão Lei Gong ergueu-se da terra e viajou para o Império de Tian, acima das nuvens, deixando atrás de si duas crianças que o haviam libertado da prisão à revelia das recomendações do pai, recebendo em troca a nomeação de deuses. Mas isso deixou a ambos muito perturbados.

– Ai de nós, irmão, o que fizemos nós? – disse a menina lá na Terra.

– Vamos plantar o dente – respondeu o irmão, olhando de esguelha para o ensanguentado dente que portava em mãos, ofertado pelo deus do Trovão antes de partir. – Talvez nasça dele qualquer coisa boa.

Plantaram-no e, em questão de segundos, irrompeu com velocidade e vigor uma planta do chão que cresceu a olhos vistos, como se um século de desenvolvimento ocorresse em um segundo. Uma cabaça e dois pêssegos romperam da planta e aumentaram desmedidamente, de um segundo para outro.

Subiram na cabaça, que era do tamanho de um barco. De súbito um estrondo maior que mil trovões ecoou no mundo e o céu, literalmente, veio abaixo.

Do estrondo seguiu-se uma enxurrada terrível, como jamais vista, ouvida e sentida antes. Em segundos, chão, casas, árvores e montanhas desapareceram debaixo do aguaceiro, que levava de roldão tudo, e eles se equilibravam dentro do barco que oscilava entre o céu e a terra.

Não sabiam, mas ocorria acima de suas cabeças, um pouco para fora da estratosfera do planeta, a maior guerra de todos os tempos. Era a batalha de Gong Gong, o dragão-demônio da água, que lutava pela supremacia do céu contra seu pai, Zhu Rong, o deus do fogo.

Derrotado, Gong Gong derrubou a montanha Bizhou, que era um dos quatro pilares que segurava o céu sobre a terra. Estando o céu inclinado, todas as águas celestes precipitaram-se para fora de Tian sobre a terra numa cascata de dimensões catastróficas, devastando tudo. Um incêndio de proporções épicas também ocorreu como resultado da briga entre os dois deuses, imbricando-se os dois elementos opostos numa luta descomunal, encurralando os mortais entre a água e o fogo.

Num misto de assombro e curiosidade, os dois irmãos viram emergir dentre as águas a árvore que havia nascido do dente e tinha sua copa tão alta que literalmente sumia entre as nuvens terrivelmente chuvosas, com seus dois pêssegos à mostra.

Tal como havia feito o esfomeado Lei Gong, em seus duros tempos de mortal, assim fizeram os irmãos e, em meio à chuva torrencial que não parava, arrancaram os dois suculentos frutos, enferrujados de maduros, e comeram. Assim que tiraram o pêssego a árvore apodreceu, reduzindo-se e caindo, como se quisesse parar de tocar o céu e voltar para ficar debaixo d'água na terra.

Engoliram os primeiros bocados e sentiram, cada um, as suas pernas colarem-se uma à outra. De seus umbigos para baixo nasceram escamas reptilianas esverdeadas, metamorfoseando-os em cobras humanoides. Em deuses. Era como se houvessem comido o fruto de uma árvore da sabedoria.

Os pêssegos fizeram com que seus cérebros, já privilegiados por natureza, se tornassem incomparavelmente evoluídos e, junto com isso, ganharam habilidades especiais e o dom de se transformarem em setenta criaturas diferentes em um único dia, bastando, para isso, quererem.

Diz a máxima que deus não dá asas à serpente, mas nesta lenda Lei Gong indiretamente deu, já que ambos os irmãos poderiam simplesmente criar asas. Mesmo que uma modificação desse porte possa nos parecer terrivelmente dolorida, os pequenos não sentiram nada além de sensações estranhamente agradáveis e o suave aroma do delicioso pêssego no ar. Se ambos não estivessem sentindo-se 5 mil vezes mais fortes e saudáveis que antes, talvez tivessem ficado preocupados. Mas não, estavam maravilhados.

— Irmã, estamos incrivelmente poderosos, esta é a verdade! — disse o menino-cobra.

— E o que faremos com isso?

— Recebemos nomes divinos com algum propósito — respondeu ele.

Logo as águas subiram tanto que quase chegaram às portas do céu. Mas de repente elas se esvaíram como se tivessem sido sugadas pelos demônios do inferno, e os dois caíram, pluft, na terra. Olhando em volta de si para a devastação total, deram-se conta de que eram os dois únicos sobreviventes do dilúvio sobre a face da terra.

Foi assim que houve o mais catastrófico dilúvio da China, e foi assim que os filhos do camponês passaram a fazer parte do panteão divino chinês, responsáveis pelo repovoamento da China.

Nu Wa restaura a abóboda celeste

O SACRIFÍCIO DA TARTARUGA AO

O grande dilúvio devastou a terra e extinguiu todos os mortais, exceto os divinos irmãos Fu Xi e Nu Wa, que se salvaram flutuando na grande cabaça, presente mágico de Lei Gong, o divino senhor do trovão.

Como a enxurrada não cessava, os dois irmãos se questionavam como estancá-la, perguntando-se um ao outro como poderiam fazer, mas nenhum sabia responder.

Buscar a solução passou a ser sua obsessão, dia e noite.

Passado um tempo, a deusa veio com a curiosa saída:
– Vamos juntar pedras em algum lugar onde poderemos derretê-las e tapar o buraco do céu.

Decidiram que a sagrada Montanha Kunlun[10] seria perfeita e de proveito máximo para tal. Esse monte ficava além das montanhas cardeais, nas extremidades do Mundo. Tão longínquo era que, quanto mais a criatura se aproximava dele, mais distante ficava. Mas era um lugar alto o suficiente para ainda não ter sido submergido. Assim partiram os dois em direção ao Oeste, para a Montanha Kunlun.

A viagem foi longa e cheia de percalços, até mesmo para duas criaturas que possuíam o dom da divindade e de se metamorfosearem à revelia.

Finalmente lá chegaram, prontos para construírem um forno para derreter as pedras. Enquanto Fu Xi improvisava o forno, Nu Wa metamorfoseou-se em um ser mais eficiente e foi buscar seixos e pedregulhos nos arredores da ilha-montanha (numa versão avessa a Jingwei, a ave mítica, que tentava soterrar o oceano com gravetos e seixos). Seguia ela disposta a encontrar

---

10. É a morada do deus Huang Di e paraíso do taoismo. Essa montanha da mitologia chinesa é homóloga ao monte Olimpo da mitologia greco-romana.

subsídios para fechar o buraco do céu antes que desabasse inteiro, submergindo até mesmo um topo do mundo como era Kunlun.

Juntou uma quantidade colossal de pedras imensas e as carregou até o forno. Havia pedras nas cores vermelha, laranja, amarela, verde, azul, índigo e violeta. Despejou-as todas sobre uma fogueira feita de galhos de árvores. A tal fogueira resplandeceu tanto que iluminou o Cosmos, e sua fumaça era tão densa e alta que subiu aos céus. Enquanto isso as pedras iam derretendo.

Durante 49 dias e 49 noites as pedras cozinharam, até que formaram uma colossal lousa, cumprindo o propósito da deusa.

– Vai caber direitinho no buraco do céu – disse ela a Fu Xi, e lá foram eles carregando o disco pétreo.

Espicharam seus braços e alcançaram a abóboda celeste, tapando momentaneamente o buraco causado pela luta dos deuses e segurando o céu ao modo de Pangu.

Mesmo exaustos pelo titânico trabalho, permaneceram de olhos postos no céu, encantados com os efeitos das cores brilhantes do disco multicolorido idealizado por Nu Wa, que parecia brilhando no céu.

O problema, no entanto, era como fixar a pedra lá em cima. Não haveriam de ficar os deuses segurando a pedra indefinidamente até a morte.

– Ah!, que falta nos faz neste momento a cabeça cornuda do bom megagigante, sempre tão disposto a manter o céu firme e seguro no alto do firmamento – disse ela.

– É verdade, tudo depende de nós.

Tinham uma ciclópica tarefa pela frente e, como Nu Wa sempre fazia quando precisava encontrar a solução de um problema, largou tudo por um momento nas mãos do irmão e foi caminhar. Desceu a montanha e seguiu além. Caminhou, caminhou, voou e nadou pelo Mar da China Meridional.

E neste trajeto viu algo muito curioso: uma tartaruga fêmea colossal que habitava desde o tempo da formação do mundo e que se chamava Ao[11].

---

11. Na tradição chinesa, todas as tartarugas eram fêmeas. Por não ter um macho na sua espécie, elas se acasalavam com serpentes.

Associou a deusa o formato côncavo do casco da tartaruga com a abóboda celeste. Usaria as pernas desse poderoso animal para segurar o céu como a tartaruga segurava o descomunal casco, como um pilar para manter o céu seguro lá no alto, pois a solidez e a longevidade desse animal garantiriam a eficácia do seu trabalho.

Assim, aproximou-se da colossal Ao para utilizá-la em seus propósitos filantrópicos.

— Doe seus membros para uma boa causa, mortal criatura — disse a título de consolo e, após estas palavras, decepou as quatro pernas de Ao.

De posse delas, colocou uma sobre a outra consecutivamente até formar o pilar de sustentação do céu, reconstituindo assim a abóboda de Tian, que havia sido destruída pelo demônio Gong Gong.

As quatro patas de Ao foram insuficientes para manter o céu alinhado, e este ficou pendendo para um lado como um chapéu de bêbado, dando até um certo charme para Tian e a disposição cosmológica.

Explica-se deste modo a mudança do movimento do sol, da lua e das estrelas assim como o curso dos rios da China decaindo para o sudeste e desaguando no Oceano Pacífico.

— E onde fica a simetria e a estética celestial? — perguntou o coro dos deuses ociosos, insatisfeitos com o trabalho alheio.

Sem dar atenção aos burburinhos e críticas daqueles que bem viam, mas nada faziam, se foi a deusa para a próxima etapa, considerando o problema plenamente resolvido e o céu completamente seguro.

Nu Wa queimou juncos e juntou as cinzas, juntamente com aquelas da fornalha como que ela e o irmão haviam produzido o disco do céu, amontoou-os e construiu barragens e diques para secar as águas e estancar as inundações da terra.

Foi desse modo que a deusa Nu Wa criou os continentes para os seres humanos habitarem neles mais tarde, sendo hoje os oceanos aqueles espaços inundados.

IRMÃOS REPOVOAM O MUNDO

ADÃO E EVA CHINESES

O planeta primitivo pós-drenagem não era nem de perto tão excitante, encantador e colorido como o antediluviano fora. O mundo não passava de um pântano lamacento, formando uma paisagem suja e monocromática, por onde vagavam de um lado para outro apenas raras bestas e animais feios e peçonhentos, sem utilidade alguma.

– Não podemos ficar aqui de braços cruzados ante esta desolação – disse Nu Wa a Fu Xi.
– Mas vamos fazer o quê?
– Esperemos algum sinal dos céus.

Como queriam se conectar com o Imperador do Céu, resolveram permanecer na altíssima Montanha Kunlun. Ali estariam muito mais próximos dos deuses.

A resposta dos deuses veio com o crescimento de ambos, que se tornaram adultos e passaram a sentir uma extrema necessidade da companhia um do outro. Este prazer prolongaram por muito tempo, fazendo grandes passeios, caminhadas e mergulhos juntos. Mas o desejo do rapaz ia muito além, e ele resolveu tomar uma atitude.

Aproximou-se de Nu Wa enquanto ela estava lagarteando sentada na orla de um riacho e disse:

– Não podemos correr e brincar por aí, fingindo que está tudo bem.
– Por que não? – perguntou ela, inocentemente.
– Você bem sabe que somos os últimos de nossa raça. Devemos nos unir e procriar – disse ele.
– Oh...! Mas como vamos fazer isso? – respondeu ela.

O rapaz, achando que já estava engrenando a conversa no seu assunto preferido, esclareceu em pormenores o que pretendia fazer juntamente com ela para continuar a espécie.

– Se depender de mim, o mundo ficará desabitado – respondeu ela.
– Bem, então, que fique – disse ele.
A jovem saiu andando e afastou-se para refletir ("cobra não tem perna, mas também anda", segundo o velho ditado chinês). E aí percebeu em que desolamento tudo se encontrava por falta de habitantes.
Ao ver tanta tristeza, desejou ardentemente que houvesse vida ativa e inteligente no mundo, com milhares de lavradores beneficiando a terra, cultivando o arroz e demais cereais. Ambicionou ver construções sendo feitas e habitadas por nobres e justas criaturas em esplêndidas organizaçoes de magníficos jardins floridos e bosques de bambuzais.
A cobra divina transformou-se, de súbito, num prodigioso ser alado, de vastíssimas asas, e sobrevoou a terra desértica.
Viu sua imagem refletida num rio, desceu as suas margens e ali ficou admirando o seu belíssimo rosto refletido no espelho das águas, por horas a fio.
"Gosto muito da forma como somos feitos, e acho que devemos propagar esta espécie", falou para si numa forma de nostalgia, pensando no dia em que ela e o irmão teriam que partir e o mundo ficaria vazio.
Ergueu-se a narcisa chinesa e, voltando para onde estava Fu Xi, propôs:
– Concordo com você na questão de povoar o mundo, mas precisamos da opinião dos deuses a esse respeito.
– Somos deuses nós também – respondeu categoricamente o jovem, animando-se vivamente com a novidade.
– Refiro-me aos nossos superiores. Para que a providência divina se manifeste, vamos rachar uma pedra ao meio. Você pega uma parte e eu a outra, e então subimos cada um até o topo de uma montanha, de lados opostos, e cada um joga a sua parte para o vale. Se ambas rolarem lá embaixo e se ajustarem uma à outra, será a resposta positiva dos deuses. Caso contrário, não falaremos mais no assunto.

"Tudo, menos isso...", pensou o jovem. "Nem na China e nem fora dela duas pedras se encontrarão no vale após rolarem montanha abaixo, a não ser que eu ajude." Fingindo aceitar o teste sugerido, quebrou, secretamente, uma pedra ao meio e colocou no vale, uma sobre a outra.

Assim, quando as pedras da aposta foram jogadas, exatamente como imaginara o deus, elas rolaram dos montes e se perderam de vista em meio à alta vegetação selvagem.

Quando os dois desceram para o vale à procura delas, Fu Xi foi direto naquelas que ele havia colocado estrategicamente uma sobre a outra e disse, dissimulando surpresa:

– Venha ver, Nu Wa! Eis a prova cabal de que os deuses estão de acordo com nossa união.

– Lembro-me de ter jogado a minha pedra em outra direção, e ela só viria para este lado se pedra voasse como passarinho – respondeu ela.

Impaciente em ver seus planos irem por água abaixo, Fu Xi veio à carga:

– Os deuses podem tudo, e o desejo deles é que a terra seja povoada.

Isso chamou a atenção da deusa que, renegociando os termos, sugeriu um método novo de teste dos deuses:

– Está bem – disse ela, segurando na mão um dos dois punhais de uma bainha dupla. – Atiremos para baixo cada um uma faca desta bainha e, se as duas se encontrarem lá embaixo dentro da bainha, eu me rendo a tua proposta.

Ele, como era de se esperar, providenciou facas dentro da bainha ao sopé.

Após o arremesso, ao encontrá-las, ela duvidou novamente da honestidade dele. Este perdeu a paciência de uma vez por todas. Agarrou-a pela mão, fê-la subir correndo até o topo do monte Kunlun e suplicou aos céus:

– Se os deuses estão de acordo com o meu projeto para povoar a terra, que a cerração ao nosso redor se torne mais densa. Caso contrário, que ela se dissipe.

A cerração encorpou-se, perdendo ambos a visibilidade um do outro, e Fu Xi não perdeu tempo: antes que Nu Wa se desse conta, já era sua esposa.

Ao perceber o que havia feito, ela ficou rubra de vergonha e escondeu o seu rosto com um leque feito de grama, gesto que permanece na China até hoje, originado desse mito.

E foi assim que a terra foi repovoada após o Grande Dilúvio.

Shen Nong, o Imperador das Chamas

O PRIMEIRO MÉDICO, O CRIADOR DA ACUPUNTURA

Este é o mito de Shen Nong, imperador do período pré-histórico da China (2838-2698 a.c.) e segundo governante, depois do deus Fu Xi. Por ser descendente de um deus, era chamado de Lavrador Divino. Era filho da princesa Andeng, que ficara grávida ao ser tocada por um dragão divino. Nasceu perto do rio Chiang, pertencia ao clã dos Lieshan e tinha como símbolo imperial o fogo.

Todos o veneravam como deus da medicina, saúde e agricultura. Pois ensinou o povo a cultivar a terra e a usar o arado e acompanhava, juntamente com sua esposa, o plantio de florestas de amoreiras.

Como patrono da agricultura, usava roupas e chapéu feitos de folhas verdes. Apesar de ser um deus bom e gentil, possuía como ajudante o "Deus dos Ventos Quentes", que às vezes prejudicava as lavouras. Mas em contrapartida havia em seu lendário reinado Chi Sung Tzu, o deus da chuva, que amenizava a seca.

Em seus trabalhos, analisava as qualidades úteis e prejudiciais das plantas e a forma com que se praticava a agricultura nas aldeias. Percebeu que as ferramentas eram muito simples e ajudou a fabricar o arado feito de madeira dobrada com ponta aguda para baixo, puxado por bois, burros ou pelo próprio lavrador.

Além disso, criou canaletas de bambu para irrigar os campos, desviando água dos córregos. Percebeu os lugares adequados para o plantio e assim passou-se a cultivar no norte o trigo e o milho e no sul o arroz. Auxiliou as famílias na criação de porcos e galinhas. Ensinou-os a praticar o escambo.

Governou com justiça e sem leis, e seu reino vivia na mais completa harmonia e serenidade. A guerra era desconhecida.

Outro aspecto interessante em Shen Nong era a ênfase no que pode ser chamado de "método científico". Ele saboreava diferentes frutas para determinar suas qualidades. Em vez de possuir conhecimento infinito, era um eterno experimentador e um aprendiz.

Essas infinitas experiências conectam-no com a medicina, devido a sua capacidade de distinguir ervas diferentes, das mais variadas, e descobrir suas propriedades por tentativa e erro para curar doenças. Todos os primeiros textos sobre o poder das ervas medicinais são creditados a Shen Nong.

De tanto provar ervas e venenos, Shen Nong descobriu a medicina tradicional chinesa. Espancava com um chicote marrom-avermelhado mágico centenas de ervas a fim de descobrir suas características medicinais e funções. Depois, sabia detectar com eficiência seus sabores e propriedades de frio, calidez, suavidade ou toxicidade e, posteriormente, as usava para fazer curas.

Este trabalho era perigoso, e ele estava sempre a um passo da cura ou a um passo da morte. Vivia nessa contradição e uma vez consumiu setenta plantas venenosas em um só dia.

Não foi somente o precursor da medicina tradicional chinesa, mas também um praticante de medicina geral. Foi o primeiro chinês a estudar cuidadosamente as condições de pulso, discernir as características diferentes de medicamentos e iniciar as terapias de acupuntura e moxabustão (queima de *Artemisia vulgaris* – losna, flor de são joão, artemíje).

Além de escrever um livro de medicina, foi também, como todo bom chinês, um célebre inventor. Criou instrumentos musicais, como o *qin* e o *se*, que ajudavam a acalmar as pessoas, fazendo vir à tona seu lado bom. Compôs uma música chamada "Fuchi" ou "Xiamou".

Um grupo de estudiosos chineses, conhecidos como "os lavradores", escreveu sobre o imperador durante os séculos III e II a.C. Suas obras foram perdidas, mas eles usaram o reino mítico de Shen Nong como um exemplo de uma utopia ou uma sociedade agrária perfeita.

Eles notaram que as histórias de Shen Nong são muito diferentes das demais porque mostram um imperador que vivia, com sua esposa, trabalhando nos campos. Normalmente, o trabalho da agricultura era considerado inferior, como também o trabalho manual era menosprezado e não indicado a um imperador.

Mas esse imperador fez o trabalho de agricultura, e o fez acima de qualquer expectativa.

IMPERADOR AMARELO E IMPERADOR DAS CHAMAS

CONTRA OS 89 IRMÃOS DE CABEÇA DE BRONZE

Yan Di viveu antes da dinastia Han e era, na mitologia antiga chinesa, o Imperador das Chamas. Ele governava metade da Terra, e seu irmão Huang Di, o Imperador Amarelo, governava a outra metade. Huang Di nasceu depois que sua mãe viu, numa noite, um grande parafuso de raios circulando em volta de uma das estrelas da Ursa Maior e, em seguida, ficou grávida.

O nome Yan Di é visto por alguns mitólogos como outro nome para Zao Ju, ou para o deus original e, muitas vezes, ele é confundido com Shen Nong.

Corre a lenda que lutaram os irmãos numa batalha épica, e há controvérsias sobre quem foi o vitorioso.

Huang Di, o Imperador Amarelo, lutou também contra outros quatro imperadores que o provocaram desfilando em sua cidade com exércitos armados, obrigando-o a lutar contra a sua vontade para manter a paz e não perder o seu reino. Ele lutou e derrotou a todos, inclusive o seu irmão.

Mas houve uma outra batalha em que os dois irmãos se uniram para enfrentar os 89 irmãos de cabeça de bronze.

Huang Di, o Imperador Amarelo, e Yan Di, seu irmão, o Imperador das Chamas, eram os célebres chefes no curso do rio Amarelo e do Rio Yangtsé, respectivamente. Às suas margens habitavam inúmeras tribos e uma delas, chamada Jiuli, era liderada por um déspota de nome Chi You.

Este líder tinha 89 irmãos, todos tiraníssimos iguais a ele. Eram dotados de corpos de animais, cabeças de bronze e braços de ferro, tendo de humano somente o rosto e o sofisticado despotismo. Exímios na fabricação de armas como a faca e o arco e flecha e hábeis na batalha, valiam-se dessa poderosa força física e bélica para provocar e ameaçar as demais tribos vizinhas. Eles eram uma bomba ambulante, sempre prontos a explodir ao primeiro olhar de desagrado de um transeunte qualquer.

– Hoje vou fazer um grande prodígio! – vangloriou-se Chi You aos seus irmãos, enquanto comiam camarão frito na refeição da manhã.

Disse e fez. Expulsou os habitantes do território de Yan Di com a mesma facilidade com que a fumaça expulsa os insetos e apoderou-se de tudo.

– Não vou deixar as coisas assim – revidou Yan Di, amargurado com a perda dos seus domínios. – Eu o desafio a uma luta!

– Bravo, desafio aceito! – contrapôs Chi You, gargalhando nas barbas do líder, com seus 89 irmãos fazendo-lhe coro e rangendo os ferros do corpo a cada movimento.

A luta foi sangrenta, e Yan Di acabou derrotado e viu-se obrigado a fugir para Zhuolu, território sob o domínio do seu irmão Huang Di.

– Aquele verme metálico! – urrou Huang Di quando soube da derrota de seu irmão. – Há muito tempo pretendo eliminar a tribo de Chi You e agora chegou a hora. Vamos nos unir e lutar contra esses tiranos de lata. Deve haver alguma forma de destruí-los.

Organizou, assim, uma frente entre várias tribos e desafiou, para uma batalha, o perverso Chi You e seus 89 irmãos, que andavam sempre unidos como botões de casaco.

Mas as tropas de Huang Di não tinham condições de fazer frente ao poderio bélico de Chi You e seus guerreiros foram miseravelmente batidos. As derrotas contra o exército de Huang Di se acumulavam, mas Huang Di, sem se dar por vencido, prosseguiu a luta bravamente com as suas tropas minguando dia a dia.

Ambos os exércitos estavam em meio a feroz combate quando Chi You fez um conjuro, lançando uma densa neblina sobre os guerreiros de Huang Di e desorientando-os.

Mas Huang Di tinha em seu poder uma bússola fabricada por ele mesmo, e logo seus homens romperam o cerco das névoas e encontraram o caminho.

— Deus do vento e da chuva, trazei violentos ventos e terríveis tempestades! – invocou, então, Chi You.

— Poderosa deusa da seca, combatei os ventos e as tempestades! – invocou, em contrapartida, Huang Di, os poderes de sua filha divina.

Prontamente foi atendido e expeliu grande quantidade de calor, que dispersou os ventos e levou embora a tempestade.

Com a ajuda de Kua Fu, um membro da tribo de Gigantes do Norte (aquele que iria mais tarde morrer de sede ao perseguir o Sol), Chi You fez com que Huang Di retrocedesse 25 quilômetros. A batalha prosseguiu, e foi em Zhuolu que houve a decisão final e que trouxe, finalmente, a vitória a Huang Di. Huang Di usara uma estratégia que aprendera com a deusa dos Nove Céus e que a lenda não conta qual foi. Mas deve ter sido muito eficiente, pois Chi You foi derrotado, finalmente, e acabou capturado e sem cabeça, com seus 89 irmãos.

— Melhor nos certificarmos de que ele está bem morto e não vai ressuscitar – disse o guerreiro vitorioso, olhando aquele corpo sem cabeça e aquela cabeça sem corpo. – Nunca se sabe se com seus encantos e conjuros a cabeça não vai buscar o corpo. – E então ordenou: Enterrem o tronco aqui e o resto em Shandong – disse referindo-se ao local que ficava a mais de quinhentos quilômetros de distância.

Foi assim que Huang Di venceu Chi You e sua tropa de irmãos e tornou-se o líder único de todos os clãs das planícies centrais. Dominou uma região que se estendia até o mar, no Leste, a província atual de Gansu, no Oeste, o rio Yangtsé, no Sul, e as atuais províncias de Shanxi e Hebei, no Norte. E se tornou venerado pelo povo após esta decisiva batalha em Zhuolu, que o imortalizou em muitos livros e registros históricos. Quando completou cem anos, um dragão alado o levou ao céu.

O DILÚVIO E A TERRA MÁGICA

OS DESCENDENTES DO IMPERADOR AMARELO – GUN E YU

Havia na China antiga os lendários Três Augustos (San--Huang). Eram deuses répteis com cara e tronco humanos. O trio era formado primeiro pelo augusto Fu Xi, o deus da criatividade, das artes e marido e irmão de Nu Wa. O segundo foi Shen Nong, o deus das plantas, agricultura e antiga medicina tradicional herbalista chinesa, que experimentou todas as plantas existentes para conhecer os seus efeitos. O último foi Suiren, o deus dos alimentos saborosos e cozidos. Ensinou ao povo como assar, ferver, fritar e torrar, utilizando o que os outros deuses haviam descoberto.

Depois deles vieram os Wu-Di – ou os lendários Cinco Imperadores. Huang Di foi o primeiro deles. *Huang* significa "amarelo" e *di* significa "imperador". Pela natureza da língua e da escrita chinesa, este povo não consegue suportar a tentação de fazer um trocadilho – e assim, mesmo que no tempo de Huang Di (século XXIII a.c.) os impérios ainda não tivessem sido inventados, mais tarde ele tornou-se por aclamação pública o "Imperador Amarelo".

O Imperador Amarelo não era um imperador, mas certamente era amarelo, além de ter olhos puxados. Foi um estrategista habilidoso, líder sábio e poderoso dotado de talentos divinos, e foram atribuídas a ele a invenção da roda, da cerâmica, do tijolo, da escrita e do calendário, além de desenvolver o estudo de astronomia.

Criou o chá pelo simples fato de ter caído uma folha na sua xícara de água quente. Descobriu ainda o ímã brincando com duas pedras pretas que se atraíam e se rejeitavam.

Huang Di evoluiu tanto que chegou à perfeição, cumprindo sua missão nesta terra. Nada mais tinha a fazer, então ascendeu ao Céu, literalmente, deixando como herdeiro seu filho Gun.

O herói desta lenda é Yu, filho de Gun e neto do Imperador Amarelo, sujeito privilegiado que já nasceu com toda a bagagem cultural e os sentimentos de justiça de seu velho pai. Dedicou-se a prevenir o povo e as lavouras das enchentes, fazendo barragens e canais.

Tudo começou com as vastas terras mágicas do soberano amarelo, que podiam absorver o excesso de água acumulados nas enchentes.

Houve, outrora, um terrível dilúvio que inundou a China durante 22 anos, tornando a terra um vasto oceano e quase deixando esta nação despovoada e a raça chinesa extinta. O número de pessoas caiu tanto que jamais houve na história desse país tão pouca população, exceto, naturalmente, nos tempos primordiais da deusa Nu Wa a povoar o mundo.

– Que os deuses nos acudam! – eram as incessantes súplicas do povo sobrevivente das águas.

– Pelo Umbigo do Céu, socorram-nos os deuses! – eram as queixas que vagavam sobre as ondas.

– Que posso fazer para sanar tal calamidade, oh, deuses superiores? – lamentava-se o imperador celestial.

Chamou os seus conselheiros e chefes de clãs para se reunirem com emergência em cima do monte, onde discutiram o assunto da enchente e chegaram a um consenso:

– Vamos enviar Gun para controlar os rios.

Assim fizeram e, a partir deste momento, Gun não pregou mais o olho à procura de solução para represar as águas.

Matutava Gun andando pelas bordas das águas (enquanto as pernas caminham, a mente planeja) quando de repente sua obsessão teve resposta:

"Na guerra usa-se soldados e nas inundações, terra. Se forem construídos diques em torno das aldeias, elas serão protegidas contra as inundações", considerou Gun, e falou alto:

– Nesta tão grande calamidade, onde poderei eu encontrar volume de terra e pedras suficiente para construir tantas represas?

– É fácil – respondeu-lhe uma tartaruga mágica, saindo das águas e metendo-se no monólogo de Gun. – É só ir ao Oeste, no monte encantado de Kuen Luen, e lá encontrará no palácio celestial um tesouro chamado Xirang. Lance-o nas águas e ele crescerá rapidamente, formando diques que conterão as águas.
– Ah, sim? – perguntou Gun, sentindo-se aliviado por poder trocar a sua obsessiva linha de pensamentos, mesmo que fosse por um problema que lhe parecia de dimensões bem maiores.

Despediu-se, então, da tartaruga, com agradecimento, e na mesma hora partiu para o Oeste. Não havia tempo a perder. A noite já caía, e ele tinha diante de si a tarefa ciclópica de alcançar o inalcançável monte Kuen Luen, penetrar nos inexpugnáveis portões do palácio e pedir ao deus um dos seus mais poderosos tesouros.

Foram inúmeras as dificuldades que encontrou no caminho, mas enfim Gun avistou a montanha encantada, que se afastava dele quanto mais ele tentava se aproximar.

Munido da paciência de Buda e de Jó juntos, mantinha-se inabalável. Prosseguiu até alcançar o sopé da montanha Kuen Luen do Oeste e quase a abraçou temendo que não fosse verdade.

Escalou o monte com a força que lhe restava e encontrou o imperador celestial banqueteando-se com os pêssegos da imortalidade.

Prostrou-se numa reverência desmedida e disse, quase sem voz, mas com solenidade:
– Senhor Imperador de Jade, Soberano dos Céus de Tian e de todos os domínios do homem como também do Inferno de Diy! Vim pedir encarecidamente a Vossa Majestade o tesouro Xirang para salvar a população – disse, acreditando que, com considerações e elogios, sempre se chegava a um acordo positivo entre deuses.

Mas pedir tesouro, seja para quem for e do jeito que for, nunca dá certo, nem mesmo com a mais extrema deferência e distinção. Desta vez, o mais gentil dos deuses lhe torceu o nariz com desdém e lhe atirou às longas barbas um sonoro e redondo "não".

"Não haverei de ter feito esta longínqua viagem à toa e voltar de mãos vazias", pensou o neto do Imperador Amarelo, já planejando um eficiente meio de se apoderar do tesouro. "Se pedir não adianta, não me resta outra saída a não ser roubar."

Pensou e fez. Roubou o Xirang, o cobiçado talismã mágico, e voltou à terra natal com a velocidade do vento, uma vez que é sempre mais rápido o caminho de quem foge e de quem não quer ser alcançado.

De posse do objeto mágico, ao chegar despejou torrões de terra nos lugares alagados que fizeram surgir enormes montanhas de terra fértil, prontamente cultivadas pelos lavradores.

Nesse ínterim, o Imperador de Jade foi informado do roubo e esbravejou:

– Aquele canalha desgraçado do Gun roubou o Xirang bem nas minhas barbas! Que venha até mim o comandante.

Prontamente apareceu o solicitado, dispondo-se a cumprir ordens.

– Persigam o Gun, aquele ladrão que desacatou minhas ordens, e recuperem o tesouro celestial.

Como num passe de mágica devido aos poderes que possuía, viu-se novamente com o Xirang em suas mãos imperiais e respirou aliviado.

Quem saiu prejudicado foi novamente o povo, pois sem o artefato mágico as represas estouraram e inundaram a terra novamente.

Gun só se deu conta de que não possuía mais o Xirang mágico quando começaram a desabar as montanhas, rebentar as represas e inundar a terra, que já tinha perspectiva de plantio.

Voltou para o mesmo local onde estava a tartaruga que lhe dera a efêmera solução anterior, mas não a encontrou. Desesperou-se, então, e disse:

– Sem o Xirang mágico, sem proteção para os meus diques! Onde vou encontrar uma solução?

Ao saber o imperador das catástrofes que estavam acontecendo nas terras de Gun, praguejou:

– O paspalho do Gun achou que formar diques com o meu Xirang era uma ideia da China? Pois vejam só, suas malditas represas se romperam, e as inundações ficaram piores que antes. Já se passaram nove anos, e este imbecil não conseguiu sequer amenizar o mal que fez. Que venha até mim Zhu Rong.

Assim que teve o deus do fogo diante de si, o Imperador de Jade ordenou que rastreasse o atrevido Gun, filho do Imperador Amarelo, e o matasse.

Sem que fosse preciso mandar duas vezes, Zhu Rong perseguiu Gun pelas geleiras do Ártico, como se fosse um fio inflável e, empunhando sua espada flamejante, matou o jovem herói com uma única cutilada. O cadáver congelou e ficou preso no gelo, como num caixão de vidro.

Três anos se passaram e, certo dia, o Imperador de Jade acordou com o mau pressentimento de que Gun poderia ainda estar vivo e cheio de saúde.

– Maldição! – ele urrou, encolerizado. – Não se pode ter paz – e ordenou que viesse até si, outra vez, o deus do fogo.

– Zhu Rong! Vá até as geleiras do Ártico para verificar se o corpo de Gun está realmente morto. Caso não esteja, termine o seu serviço que começou há três anos, seu incompetente.

O deus do fogo acatou as ordens do Imperador de Jade e, quando chegou ao local onde Gun havia sido enterrado no gelo, se deparou com o corpo do jovem perfeitamente preservado.

Cortou a geleira com sua espada e fez um talho no ventre do morto. Assim que se abriu a barriga, um imenso dragão voou para fora do cadáver, assustando o próprio Zhu Rong, que saltou para trás, deu meia-volta queimando gelo e voou para avisar o soberano do ocorrido.

O dragão que saiu do ventre de Gun era seu filho, Yu, neto do Imperador Amarelo, que já trazia todo o cabedal de conhecimento do pai e sentimento de justiça.

Como todos os semideuses dos tempos antigos, Yu se metamorfoseava sempre que necessário, na forma que bem quisesse.

– Pobres criaturas! – exclamou Yu ao ver em que dificuldade trabalhavam os camponeses.

"Ao invés de perder tempo peitando o soberbo Imperador de Jade, vou trabalhar para alimentar este povo, como era a intenção de meu pai."

Foi com toda a humildade e reverência pedir ajuda ao Imperador de Jade e não lhe economizou elogios.

– Oh, Magnânima Majestade, Imperador de Jade, que tem o poder e a glória. Imploro piedade para o sofrimento do meu povo. Por favor, ajude-os a restaurar a sua terra.

– Não se esqueça – respondeu-lhe o Imperador de Jade, nada impressionado com os apelos de Yu – de que seu pai roubou meu talismã mágico e tentou secar as enchentes sem a minha permissão.

– Oh, Honorável Augustíssimo Soberano, dê-me apenas uma pequena quantidade de terra mágica e sua venerável permissão para que eu conclua os trabalhos de meu pai, antes que o mundo converta-se num irreversível caos – disse Yu.

– Seu pai me traiu e, por isso, fracassou – disse o deus dos deuses, já quase baixando a guarda.

Como diz o provérbio chinês: "Podemos nos defender de um ataque, mas somos indefesos a um elogio".

– A flecha que atinge o alvo é resultado de incontáveis tentativas falhas, Majestade. O melhor que posso fazer é me utilizar das tentativas de erro de meu pai como um processo natural para a evolução. Em se tratando de conter as cheias, deus nenhum resolveu nada. Pelo menos meu pai tentou.

Tanto insistiu e argumentou Yu que o soberano de jade concluiu que, se o pai não tinha razão, o filho tinha. Realmente, o mundo seria o caos se não fosse resolvido esse impasse.

E, voltando-se para o rapaz com ar paternalista, disse:

– De quanta terra precisa, meu filho?

Uma quantia que não vá esburacar seu território celeste, ou reduzi-lo a um poço.

"Pela mãe dos dragões, este moleque sabe conciliar o que quer com o que eu preciso!", pensou o imperador, mas disse, com um ar circunspecto:

– Bem... pegue somente uns punhados de terra mágica que caibam nas costas de uma tartaruga e vá cumprir a sua missão. Desejo-lhe boa sorte!

Yu pegou como medida uma tartaruga gigante, seguiu no seu poderoso voo de dragão alado e foi reconstruir um novo mundo sob a ótica de seu pai, que agora era também a sua.

Fez seu trabalho solitário e não se limitou a construir barragens, mas estudou a forma da terra e o curso dos rios para canalizá-los de uma maneira adequada para seguirem até o mar. Yu cavou canais, túneis e nivelou os topos das colinas usando sua cauda de dragão. Estudou ainda as dimesões da terra de norte a sul e de leste a oeste, usando para isso deuses menores do panteão, que trouxeram como resposta exatamente o mesmo número um do outro: 233.500 li[12] e 75 passos.

Encantado com estes dados, Yu criou um mapa a partir dessas descrições, o que fez da terra um quadrado perfeito, e dividiu então o país em nove áreas, ou províncias.

Descobriu que havia para tapar ainda 233.559 grandes buracos na terra e prosseguiu no seu trabalho de tapar até o último com sua terra mágica.

Nesse trabalho, transpôs a China de cabo a rabo, metamorfoseado em humano para não amedrontar os agricultores, embora tenha ficado bastante feio e com uma das pernas mais curtas.

Prestou todos os serviços usando seu conhecimento de fertilização por onde passava e era aclamado e amado por todos. Tudo isso resultou em abundantes colheitas de grãos para a China, e os rios corriam docilmente para o mar.

Yu estava satisfeito. O povo vivia feliz e tranquilo nas suas aldeias e bendizia o nome de Yu com êxtase e contentamento.

---

12. Pouco mais que 77.833 milhas, já que três li fazem uma milha.

– Estamos confortáveis e nos sentimos seguros agora, graças a Yu – diziam uns aos outros, em profunda reverência.

A popularidade de Yu foi tal que o imperador decidiu escolhê-lo como o próximo Imperador. Foi assim que Yu, o dragão que se originou do ventre do próprio pai, transmitiu seu conhecimento para seus descendentes e criou a Dinastia Xia, que foi a primeira da história da China, vivida entre os séculos 21 a 16 a.c., num período de mais de quinhentos anos e que lista o nome de nove reis por catorze gerações.

A INFÂNCIA DO DEUS DA AGRICULTURA HOU JI

PEGADA NA AREIA ENGRAVIDA UMA DONZELA

A civilização chinesa surgiu e se expandiu em função da agricultura. Por essa razão, a China acumula muitas lendas e mitos vinculados à vida do campo e suas atividades.

Nesta versão, conta-se que nos primórdios a humanidade vivia de caça, pesca ou coleta de frutas silvestres. Passada esta fase veio o cultivo, em que os camponeses trabalhavam exaustivamente de sol a sol, mas, devido às calamidades, viviam pobres e famintos.

Nesse tempo, as crenças substituíam a ciência de hoje, e acreditava-se em coisas pitorescas, como o caso de uma moça chamada Jiang Yuan, que morava em Tai. Ela descobriu, certa vez, quando voltava para casa, uma gigantesca pegada num terreno encharcado de água. Achou o rastro curioso e meteu nele seu pezinho.

Mas tão logo ela tocou na marca do dedão do gigante, foi acometida por um estranho sentimento, e sua barriga começou a crescer desmesuradamente. Logo depois, deu à luz um estranho menino, com corpo de dragão e cabeça de bebê humano.

Um filho sem pai era considerado um sinal de mau agouro. E um estranho filho, ainda por cima sem pai, era considerado duplamente um mau presságio.

Assim que os aldeãos o descobriram, tiraram dela o bebê à força e o abandonaram no campo deserto.

Dias depois voltaram para comprovar se estava mesmo morto. Mas se depararam com o bebê todo gordinho, rodeado por animais que o protegiam e alimentavam. Pegaram o bebê, embrenharam-se floresta adentro e o jogaram por entre arbustos, bem no coração da vasta mata. Mas um lenhador o encontrou, levou-o para a casa e, juntamente com sua mulher, cuidou dele.

– Aquele monstrinho bastardo ainda está vivo! – comunicou um aldeão assim que descobriu a novidade, e logo a notícia se espalhou pelo povoado.

Imediatamente o povo invadiu a casa do lenhador, pegou o bebê e o jogou no leito de um rio congelado.

– Aqui é mais gelado que o inferno. Não há como sobreviver, e bem logo o desgraçado dará seu último suspiro – disseram.

Mal lhe deram as costas e um bando de pássaros pousou no gelo para proteger o menino do frio sob suas quentes e aconchegantes asas.

– Esta criança é especial e tem a proteção dos deuses – deduziu um ancião, após lhe trazerem a notícia de que o menino ainda vivia. – Levem-no de volta à mãe, ou a maldição dos deuses cairá sobre as nossas cabeças.

Ante a palavra "maldição" e o medo de que caísse sobre suas cabeças, trataram de conduzi-lo de volta ao colo materno. Para ela, era seu filho e isso bastava. Acolheu-o e o amamentou.

– Se chamará Qi, meu pequeno – disse ela num doce sorriso.

Nenhuma energia qi incidiu mais em alguém do que no jovem Qi. Cresceu com extraordinária inteligência e sensatez.

– Temos que descobrir um método de garantir o sustento no futuro, pois esta vida é muito incerta – disse ele quando viu os caçadores voltando com suas caças ensanguentadas sobre os ombros e sabedor de que tudo seria consumido num único dia, como também se fazia ao recolher frutos silvestres.

Planejou então a semeadura de trigo, arroz, feijão, sorgo e legumes. Adaptou pedras para usar como ferramentas no plantio, ensinou todos a fazerem grandes plantações e obtiveram excelentes colheitas.

O fato de se comunicar com todos granjeou-lhe experiências de vida do campo que sem reservas compartilhava com os camponeses.

Quanto à pesca, percebeu que havia necessidade de uma forma mais proveitosa de executá-la. Então teceu redes, que traziam inúmeros peixes de uma vez só. Essas redes tiveram seu uso estendido também para a caça, o que facilitou muito essa atividade que lhes permitia aprisionar o animal intacto, sem perda nem mesmo do sangue e da pele.

Inventou, igualmente, os Oito Trigramas[13], nos quais se baseava um sistema de adivinhação que os confucionistas adotaram no seu cânone (I Ching). Foi dessa forma que Qi, malgrado ter sido tão mal recebido pela população ao vir ao mundo, contribuiu grandemente para que a humanidade evoluísse, não dependendo somente da caça, da pesca e da coleta de frutas silvestres. E fez todos mudarem de opinião, pois a população passou a venerá-lo e o chamou, respeitosamente, de Hou Ji, "deus da agricultura".

---

13. Qi (Hou Ji) reparte a honra de ter inventado os Oito Trigramas com Fu Xi.

YU HUANG – SUA ALTEZA O IMPERADOR DE JADE

A PROVAÇÃO DO MORTAL QUE VIROU IMORTAL

Ninguém em mitologia alguma foi mais curtido ou teve mais títulos de honra do que este popularíssimo e renomado Yu Huang, Sua Alteza o Imperador de Jade. Chamado de *Supremamente Alto Imperador dos Céus, O Príncipe Real do Império da Pura Felicidade* e das *Majestosas Luzes e Ornamentos Celestes, Detentor dos Talismãs e Incorporação do Tao* (divindade tão perfeita e superlativa que só se compara a ele o deus Macaco, superior a todo o panteão de deuses, em termos marciais). Segundo os taoistas, os únicos seres acima de Yu Huang são os Três Puros.

Enfim, Yu Huang representa o Senhor Supremo dos céus de Tian, da Terra e do Inferno Di Yu. Nada acontece, seja em que mundo for, sem a autorização e vontade desse prestigioso, influente e renomado soberano. Tem sob sua assessoria uma formidável equipe celestial, que está sempre a sua inteira disposição, como é o caso do mensageiro da terra, o popular deus da cozinha.

A forma de reinado do império chinês é uma réplica fiel do Imperador de Jade. A tendência dos chineses é ver o mundo do além na mesma composição do império da China, e ambos funcionam da mesma forma inter-relacionada. Isso nada influenciou a filosofia chinesa. Nem Confúcio, nem Lao-Tsé se importaram absolutamente com isso.

No começo dos tempos esse deus vagava pela terra na maior simplicidade, andando com seus próprios pés, cheios de calos, como um mero mortal, ajudando a todos com boa vontade. Era filho do rei Ching Te (o Sol) e da rainha Pao Yueh (a Lua). Já nasceu emitindo raios de luz desde o berço e foi crescendo com sabedoria. Sabia ser gentil e atencioso com todos, especialmente com os mais necessitados.

Subiu ao trono após a morte do pai e reinou com justiça e integridade. Eram tempos difíceis, e os chineses não tinham nem um deus para chamar em seu socorro, mas abundavam os demônios para azucriná-los. Yu Huang ainda não estava preparado para enfrentar os poderes do mal e menos ainda para aliviar e minimizar o sofrimento que estes causavam aos humanos.

Assim, os demônios o provocavam e o humilhavam em tal abuso que um dia ele resolveu dar um basta.

"Vou me preparar para enfrentá-los e exorcizar o mundo dessa presença infame."

Assim, Yu Huang abdicou de seu posto e se retirou para a montanha. Isolou-se numa caverna e ali permaneceu para cultivar o seu espírito durante 3.200 provações, cada qual com a duração de 3 milhões de anos.

Além disso, entidades malignas não queriam possuir apenas a terra, mas tinham a ambição de conquistar os imortais no céu e proclamar sua soberania acima do universo.

Nesse mesmo tempo, um destes demônios resolveu retirar-se e fazer meditação assim como o Imperador, a fim de ampliar seus poderes. Passou, ele também, por 3 mil provações com 3 milhões de anos cada, e após sua última prova acreditou-se invencível.

Ao retornar, recrutou um exército de mil demônios e foi atacar os céus.

– Oh, deuses, preparem-se porque os demônios vêm aí com força total! – alertou o guardião dos imortais, que estava nos portais celestiais.

Os Céus de Tian viraram uma confusão dos diabos. Todos correram em busca de armas, armaduras e elmos. A batalha prometia ser épica. Mas por mais que os imortais se armassem e combatessem, liderados pelos Três Puros, a ciclópica guerra contra os demônios não passava de uma humilhante e miserável derrota.

– Chegou o fim do prestigioso tripé celeste! – gargalharam com sarcasmo os demônios, subjugando os imortais. – Agora os

Três Puros, os Três Tesouros, as Três Preciosidades, as Três Joias não passam de um monte único de nada.

* * *

O Imperador de Jade, que estava atento ao que acontecia no mundo, aproveitou a deixa da luta dos deuses, que entretinham os demônios, para fazer as melhorias na Terra, tornando-a mais segura e habitável para os mortais. Enxotou as bestas e todos os animais ferozes e aves de rapina, conseguindo um período de paz na terra.

Como já tinha recuperado a terra, percebeu que chegara a hora de prestar ajuda aos céus. Foi para o Reino de Tian, montado em seu dragão, e encontrou os celestiais em grandes apuros.

"Pobres imortais!", ele pensou, ao ver que os demônios venciam usando sua perversidade sobre as criaturas celestes despreparadas para o mal.

Num grito de guerra, anunciou-se, de espada em punho:

– Desafio o líder dos demônios a uma batalha, um duelo do bem contra o mal!

Voltaram-se para ele os demônios, incrédulos com tamanha ousadia, e a batalha apocalíptica teve lugar deste momento em diante, resultando em terremotos e grande reviravolta em rios e mares.

A arma que o Imperador de Jade utilizou era desconhecida dos perversos adversários, pois foi ele de uma tal força de doação em prol dos deuses que os inimigos foram tomados de surpresa e não souberam como reagir e combater contra a benevolência tão preparada e ativa.

Entusiasmados e fortificados com a poderosa ajuda do Senhor de Jade, os imortais se encarregaram de acabar com os outros demônios inferiores, que foram, enfim, derrotados e enxotados dos céus.

Após esta mostra de poder e senso de justiça e retidão do Soberano de Jade, Yuan Shi Tian Zong, o Venerável Celeste da Era Primordial, renunciou ao seu cargo em favor de Yu Huang.

Alcançou ele assim a Imortalidade de Ouro e se tornou o Deus Supremo do panteão da religião tradicional chinesa, passando a ser chamado de príncipe real do reino da Pura Felicidade e das Majestosas Luzes e Ornamentos Celestes, além de muitos outros honoráveis títulos.

No nono dia do primeiro mês lunar, comemora-se o aniversário do Imperador de Jade e, nesse dia, templos taoistas fazem rituais em sua homenagem, chamados *bài tiān gōng* (louvor aos céus), nos quais monges e fiéis o reverenciam com toda devoção.

Wu Xiang, o senhor do celeiro

Wu Xiang, o senhor do celeiro, é o herói desta história. Era filho de Chengli e chefe da tribo que dele descendeu e habitava esta região. Fundou a cidade mitológica de Yicheng na Shu, hoje a moderna Sichuan, no centro sul da China.

De acordo com a história, cinco clãs da região viviam em cavernas na montanha no Monte Wuluo. Era tanta a desarmonia que cada um deles tinha um deus diferente.

Chegaram à conclusão de que precisavam de um líder e decidiram fazer uma competição para saber quem teria direito à liderança.

A disputa consistia em acertar espadas em uma rocha, e Wu Xiang foi o vencedor. O desapontamento foi geral, e Wu Xiang sugeriu um novo concurso. Todos iriam fazer barcos de barro e ver qual flutuaria melhor.

Mais uma vez ele foi o único vencedor, e então todos se renderam à vontade dos deuses e o aceitaram como chefe. Passaram a chamá-lo, respeitosamente, de senhor do celeiro.

Mais tarde, navegando no seu barco de barro, chegou ao Rio Salgado, onde foi recepcionado com honras pela deusa do rio, que vibrou com a sua chegada e lhe disse num tom de comando:

– Agora que veio, não mais o deixarei partir.

– Estou apenas de passagem. – respondeu o senhor do celeiro. – Mas se fizer a gentileza de me dar hospedagem por uma noite, lhe serei grato.

Porém, naquela noite, enquanto ele dormia, ela deitou-se com ele e o seduziu.

Querendo retê-lo para si e temendo sua partida, pela manhã transformou-se numa mosca e reuniu todos os insetos da redondeza para que bloqueassem o caminho do senhor do celeiro, a fim de que não conseguisse encontrar a direção de sua casa.

Quando foi partir, o guerreiro se viu impedido pelos insetos e teve certeza de que era obra mágica da deusa. Fez-se de desentendido e retornou sobre seus passos, mudando de estratégia:

– Me sinto bem aqui e estou disposto a permanecer e ser seu marido – disse ele para a deusa. – E, como tal, devo oferecer-lhe um presente – e apresentou-lhe um cinto de seda verde, acrescentando:

– Use-o como um símbolo de nosso noivado.

Numa nova tentativa de partir, deparou-se com o enxame de insetos, mas em um deles reluzia o cinto verde.

Distendeu o seu arco e matou a tirana deusa com uma flecha certeira. No mesmo instante, a nuvem de insetos se dissipou. Isso queria dizer que ela tinha morrido e perdido seus poderes sobre eles.

Com o caminho livre, o herói voltou para o seu povo, ao qual era dedicado, com a ajuda dos deuses pela sua integridade.

A TERRÍVEL HUMILHAÇÃO DE KUI, O FEIOSO

ESTUDANTE FOI ELEVADO A DEUS DOS DEMÔNIOS

Conta a lenda da Dinastia Zhou que Zhong Kui era um jovem grotescamente horrendo, mas, em contrapartida, era ávido por conhecimento e sabedoria. Por essas características ele se tornou um deus, apesar de ter uma origem miserável.

Seus pais comiam o arroz que o diabo descascou com os pés porque viam no filho a promessa de um homem ilustre, apesar de serem analfabetos.

– Um dia poderá, meu filho, ser um funcionário do governo – almejava a pobre mãe, com olhos aguados de emoção e esperança.

E o menino correspondia a esses intentos e estudava o dia inteiro. Em todos os exames municipais, destacava-se com distinção. Nos exames provinciais, saiu-se melhor ainda. Preparou-se então corajosamente para o *ime*, importante exame imperial, no qual competiria com pessoas ilustres.

Como era desprovido de beleza, tinha a certeza de que haveria uma compensação mortal e fazia por merecer este desenvolvimento.

Obteve o primeiro lugar para até sua própria surpresa e exclamou, extasiado, para si mesmo:

"Sou o melhor de todos! O número um! A mais alta posição!"

A estes pensamentos exultantes, em seguida veio a ordem do imperador para que se apresentasse juntamente com seus pais no palácio. Iria, segundo a tradição, receber o seu diploma, dentro do palácio, pelas mãos de Sua Alteza, o Imperador.

Não conteve as lágrimas diante de tamanha honra. Sua família não cabia em si de orgulho do filho prodígio. Viajaram até à Cidade Imperial para estar perto do filho naquele dia tao glorioso. A vida tinha suas compensações.

– Uma mãe não poderia desejar um filho melhor! – exclamava ela, lavada em lágrimas de emoção.

Amava-o tanto que não tinha noção, como a maioria das mães de filhos feios, de o quanto as outras pessoas o consideravam horrendo e repulsivo.

– Nunca teríamos a honra de entrar no Palácio Imperial se não fosse por você, meu filho – disse o pai, que era mais realista.

– Devo a vida e os méritos a vocês e, por isso, os meus maiores agradecimentos – reverenciou-os com olhos úmidos de emoção. – Muitas foram as vezes que precisaram de mim para ajudá-los na lavoura, mas, em vez disso, deixaram-me estudar. Nunca poderei retribuir-lhes isso.

– Já o fez – respondeu o pai, orgulhoso e sorridente – O seu sucesso é a nossa recompensa. Você está prestes a conhecer o imperador de toda a China. Quem sabe o que lhe espera depois disso? Prepare-se para surpresas.

Nisso o pai tinha razão, a surpresa seria grande.

Não foram tão bem recebidos assim, e a vontade era a fuga instantânea.

Kui ficou aguardando sua vez e suava frio, imaginando mil formas de como se comportar diante do imperador divino. Já estava no último grau de nervosismo quando surgiu o soberano em toda a sua majestade, e o jovem, em toda a sua pequenez, foi levado até ele.

Transbordando de emoção, quase fora do senso, Kui curvou-se numa tão profunda e lenta reverência que chegou mesmo a tocar com a testa o mármore frio do chão do palácio.

– Levante-se, jovem! – ordenou o imperador.

Quando, porém, Kui se levantou e os olhares de ambos cruzaram-se pela primeira vez, a fisionomia do rei se transformou em esgares de espanto e horror.

– Quer dizer que esta... esta... coisa é a mais inteligente de todas as criaturas do meu reino? – gaguejou o rei, desviando o seu olhar com a mão. – Afastem-no da minha vista! Recuso-me a acreditar que esta medonha criatura, que mais parece um animal, possa ser o estudante mais inteligente de todo o império! O número um! Me digam que houve um engano! O estado de ânimo do rapaz dissolveu-se no piso como o líquido de um vaso quebrado.

E, assim, o imperador não permitiu que ele assumisse sua posição, alegando ser ele grotescamente horrendo demais para circular pelo palácio.

Kui não teve outra saída senão curvar-se numa última reverência e sair porta afora, engolindo as lágrimas de humilhação e vergonha. Incrédulo pela discrepância de valor que davam à beleza e não à sabedoria, desejou ardentemente afastar-se deste tipo de visão e saiu Kui como um autômato do palácio.

Aquele que deveria ter sido o dia mais maravilhoso de sua vida e da de seus pais acabou por se tornar o mais desgraçado, ofensivo e humilhante dentre todos. Nada mais importava para Kui senão morrer. Não pensava em mais nada. Caminhou sem eira nem beira, foi dar no mar e ali se lançou às águas revoltas, para acabar com a vida.

Acostumado a teorias, não estava habituado a práticas e seu suicídio foi um fracasso.

"Nem isso consigo fazer hoje", pensou, debatendo-se e fazendo um estardalhaço na água. Culminou por emergir sobre a cabeça da gigantesca tartaruga Ao.

Ao sentir o jovem sobre si, Ao retorceu seu pescoço e, olhando para cima viu um homem tão feio que destoava até mesmo entre as criaturas de sua espécie.

A tartaruga, que não era uma criatura marinha qualquer, voava. Elevou-se em voo acima da água e continuou a subir, percorrendo em grande velocidade as amplidões do universo em direção à morada dos deuses, levando Kui consigo, cada vez mais alto.

Talvez os deuses já estivessem de olho nesta incomum criatura. Ou talvez este fosse apenas um bom auspício para o jovem estudioso. O fato é que Kui subiu abraçado à tartaruga e chegou dos mares aos céus de Tian (num avesso a Vulcano, filho de Zeus, que por ser feio demais foi jogado dos céus ao mar).

Foi recebido pelos deuses com grandes honrarias. Conviveu entre as brilhantes divindades e passou a ser um dos dois deuses assistentes do deus da literatura, Wen Chang, e tornou-se o solicitadíssimo deus dos exames.

Os pais que tiveram o filho recusado pelo imperador tinham certeza de que ele estava amparado pelos deuses, apesar de sua desaparição.

* * *

Wen Chang, para o qual ele trabalhava, era um deus mais poderoso e mais belo que Kui. Mas era ainda atribuição de Kui escolher os candidatos que haveriam de receber os melhores resultados.

Por essa razão Kui, agora deus, era bem mais popular do que Wen Chang, e todos os estudantes o veneravam e queriam agradar-lhe. Davam-lhe oferendas e sacrifícios em altares na maioria das casas em sua homenagem, e a ele se prostravam todos os candidatos a exames. Mas Kui só ajudava aqueles dedicados aos estudos e que lhe dirigissem preces.

Em contrapartida, o segundo assistente de Wen Chang, que era um deus meio preguiçoso, tinha a função de ajudar os estudantes indolentes que pretendiam passar nos exames.

Viviam, desse modo, os três, Wen Chang, Kui e o seu assistente preguiçoso, nos céus, na constelação da Ursa Maior, sempre ajudando os estudantes.

Como deus da literatura, Wen Chang ajudava todo os estudantes e distribuía sua generosidade a seu bel prazer.

Certo dia, um candidato bastante inteligente e estudioso saiu de um exame convencido de que não poderia ter feito um trabalho pior, por mais que tivesse se exaurido em cima dos estudos.

"Já estou reprovado!", lamentava-se, com o rosto entre as mãos. "Após tantos anos de estudo, agora esta desgraça. Se ao menos eu pudesse fazer o exame novamente..."

E foi com ardor que dirigiu as suas orações a Wen Chang, e o rapaz foi dormir bastante abatido.

Veio-lhe então em sonhos o deus Wen Chang, que alimentava as chamas do fogareiro com as folhas do exame daquela manhã, entre as quais estava o seu próprio exame. Os papéis arderam completamente, e Wen Chang colocou a mão no fogareiro e juntou as cinzas. Extraiu dentre elas um ensaio constituído pelas melhores partes de cada um dos exames queimados e entregou-o ao rapaz. Ele o leu e, tendo-o considerado brilhante, o releu e memorizou, palavra por palavra.

Na manhã seguinte, o estudante acordou com fortes batidas na porta. Era o seu amigo e colega de aula.

– Más notícias – chegou dizendo ele. – Vamos ter que repetir o exame de ontem! O lugar onde foram guardados os exames pegou fogo e ardeu por completo.

Para ele eram as melhores notícias do mundo, e o amigo se surpreendeu por vê-lo iluminar-se num sorriso de pura felicidade.

Repetiram o exame, e o rapaz utilizou o ensaio que Wen Chang lhe dera em sonhos. As suas preces haviam sido ouvidas, e ele passou com a melhor nota de todos.

A tartaruga Ao, que salvara a vida de Kui, não haveria de ser esquecida. Assim, um monumento em sua homenagem foi esculpido nos degraus do palácio, e todos os alunos vencedores que iam receber os diplomas das mãos do imperador tinham que pôr-se de pé sobre a cabeça da tartaruga, após o que o imperador anunciava:

– A você também confiro grau e possa, apenas você, ter o privilégio de estar de pé na cabeça de Ao.

Assim, Kui encontrou um modo de se tornar um deus muito amado, e sua imagem, um tanto ou quanto melhorada, foi espalhada na maioria das casas por toda a China, onde ele era, respeitosamente, representado sobre uma tartaruga.

Li Bing combate a divindade do rio e salva virgens do sacrifício

No fim da Dinastia Zhou, o rei de Qin, Zhao, conquistou o Reino de Shu[14] e nomeou Li Bing governador da região. Nesses tempos longevos, a divindade do rio exigia que a cada ano se lançasse às águas, em sacrifício, duas virgens para que o deus as tomasse como esposas.

Certo dia, a pessoa encarregada de encontrar as virgens para o ritual chegou a Li e informou:

– Desta vez, um milhão de moedas de cobre devem ser recolhidas para comprar duas mulheres para a divindade do rio.

– Não se preocupe – respondeu Li Bing –, ofereço minhas duas filhas em sacrifício.

Quando chegou o dia, Li mandou vestir dignamente as donzelas para que ficassem prontas para serem lançadas às águas. Subiu o barranco para a cerimônia e derramou uma libação, dizendo:

– Deus do rio, estamos muito honrados em nos comunicar com você! Por favor, Augusta Divindade, apareça e nos honre com sua respeitável presença, para então fazermos nossa oferenda. Permita-nos propor-lhe um brinde!

Dizendo isso, Li virou a taça para oferecer o vinho à divindade do rio, mas a bebida só oscilou um pouco e o copo continuou cheio até a borda. Não caiu uma única gota.

– Faz pouco de minha oferta, deus do rio? – indignou-se Li, tomado por um acesso de fúria. – Se me olhas de baixo para cima, eu não tenho outra escolha senão lutar com você até derrotá-lo.

Dito isso, desembainhou sua espada e desapareceu magicamente. Em seguida, todos que estavam ali viram dois búfalos cinza lutando ferrenhamente na outra margem do rio.

---
14. Atual Chengdu. Esse reino ficou conhecido numa descoberta arqueológica feita em 1986.

De repente, Li reapareceu e ordenou a seus guerreiros:
— Unam-se a mim para lutar contra o inimigo.
— Mas há dois búfalos, como saberemos qual deles é o senhor?
— O búfalo que está virado para o sul com uma listra branca na parte central de seu corpo sou eu. Esta é a minha marca, o outro é o inimigo.

Após estas palavras, Li desapareceu novamente e surgiu do outro lado do rio em forma de búfalo para continuar a sua luta.

Enfim, foi derrotado o búfalo sem a listra e reapareceu o pai das virgens, são e salvo. Além de libertar o povo da tirania do deus do rio, mostrou que se deve lutar mesmo que se pressuponha estar em desvantagem e seja esta batalha contra um deus usurpador.

Esse foi o fim da divindade do rio e um novo começo para as virgens da região do Reino de Shu e para os rapazes, que puderam usufruir disso em seus próximos casamentos.

PARTE II
AS MISSÕES HEROICAS DE HOU YI, O GRANDE ARQUEIRO CELESTE

Os dez irmãos sóis e as doze irmãs luas

Segundo a mitologia chinesa, havia antigamente nada menos que dez sóis e doze luas, que se sucediam no céu chinês. Porquanto na China da antiguidade, país de gente labutadora e centrada, as semanas eram epicamente longas, contendo dez dias cada.

As doze luas representavam os doze meses lunares do ano, e o mês lunar era designado por *yue*.

De acordo com a lenda, a lua era feita de água, e a sua essência era a mesma do yin, assim como a do sol era a mesma do yang. Os sóis e as luas nasceram do mesmo pai, o imperador Di Jun, um dos deuses supremos no tempo antigo. As mães são as duas consortes dele: Xihe, que deu à luz dez sóis, que se criaram na árvore Fusang, e Changxi, mãe das luas, que viviam no Monte Riyue (Monte do Sol e da Lua). Esta história é sobre as graças das mães dos sóis e das luas, cuidando de suas épicas ninhadas de filhos.

Conta uma versão antiga que os dez sóis se apaixonaram pelas doze luas. Elas, no entanto, os desdenharam, pois gostavam de viver solitariamente e continuavam reinando uma por vez, única e absoluta no alto do firmamento.

Ambas as mães vigiavam suas crias brincalhonas no céu e, nesta hora de recreação entre os filhos, se solidarizavam como mães corujas, esquecendo o marido e a rivalidade, pois eram esposas do mesmo cônjuge, o deus Di Jun.

A mãe dos sóis levava os filhos para passearem numa carruagem dourada, puxada por fênix, e banhava os filhos nas águas salgadas do mar.

A mãe das luas levava as filhas para viajarem numa carruagem perolada, puxada por pálidos dragões, e banhava-as nas lagoas ao pé do Monte Riyue.

As doze irmãs eram muito bonitas, indo de esguia como uma sílfide a extremamente redonda como a aba de um chapéu.

Vestiam-se elegantemente em roupas de gala e se recolhiam ao amanhecer.

Se o lema dos irmãos era aproveitar o dia, o delas era *carpe noctem*. Só acordavam as boêmias quando os meios-irmãos iam dormir, escurecendo o mundo.

A cada amanhecer, Changxi, a mãe das luas, deixava o céu em uma carruagem de madrepérola puxada por seis jovens dragões flamejantes e passava pela árvore Fusang, onde os sóis despertavam. Ali, um deles sempre estava pronto para escalar a copa da árvore e pular no carro para fazer a ronda com a mãe quando ela passava rugindo.

Revezavam-se, e a cada dia um sol estava em serviço, viajando com a deusa Xihe, que conduzia a sua carruagem através do céu, lançando luz e calor uniformemente em todo o mundo e acordando galos, pássaros e assim por diante. Enquanto isso, os outros nove sóis brincavam entre si, refletindo o formato das folhas nas sombras da árvore Fusang. Assim, passavam as tardes ociosas e felizes perseguindo um ao outro e resfriando-se no oceano.

Ao anoitecer, retornava aquele que tinha passeado de dia e, contando as novidades por onde havia passado, recebia os aplausos ruidosos de seus irmãos.

A DESOBEDIÊNCIA DOS DEZ ASTROS SOLARES

Tudo começou num período de grande confusão, para além do horizonte dos quatro mares orientais, pois se acreditava nos primórdios que a China era cercada por mares nos quatro lados. Para o leste havia um vasto oceano e, além dele, as plantas floresciam magnificamente em uma ilha paradisíaca. Nada no mundo vegetal suplantava a árvore Fusang (Amoreira Reclinada), também chamada de Amoreira Oca, cujos maravilhosos ramos estendiam-se céu afora de toda a ilha por centenas de quilômetros. Entre suas massas de folhagem verde-escura, flores de hibisco perfumadas explodiam em flamejantes tons de magenta, carmesim e violeta. E era entre as folhas brilhantes dessa gigantesca Árvore da Vida, cujo topo alcançava os céus, que brincavam os irmãos sóis. Na verdade, eram dez corvos vermelhos de três patas cada, os "pássaros do sol", e não *sóis*, propriamente ditos. Corvos que nem ao menos precisavam bater asas para voar, tal seu poder e brilho. Eram filhos do deus bígamo Di Jun, o Deus do Céu Oriental, e de uma de suas divinas esposas, a deusa Xihe.

Cada dia da semana tinha um sol que subia ao céu e o percorria. Para lançar-se ao ar, o corvo-astro do dia subia até a copa da gigantesca amoreira e se empoleirava com todo o conforto numa carruagem atrelada a seis dragões.

Na carruagem, o pássaro, sua mãe e os dragões faziam o percurso entre o vale da luz, no leste (onde alçavam voo, no raiar do dia), e o monte Yen Tzeu, no oeste (onde aterrissavam, no fim da tarde).

Os nove irmãos, enquanto isso, permaneciam nos galhos inferiores da Amoreira Oca e ali corvejavam, crocitavam, grasnavam, tagarelavam, cochichavam e brincavam entre si, matando o tempo ocioso da sagrada folga de nove dias por semana.

Assim foi durante mil anos. Mas, bem como todo aquele que é forçado a trabalhar deseja o descanso, há também, muito raramente, aquele que é forçado a descansar e deseja o trabalho.

De tal modo que, um belo dia, em meados do ano de 2170 a.c., rebelaram-se os astros contra a rígida disciplina de "trabalha um dia, descansa nove".

O que os constrangia era possuir tanto fulgor e brilho para não se exibirem sempre que quisessem e ficarem assim limitados a uma árvore, dependendo da carruagem que os levaria.

– Basta de obedecermos! – decidiu-se de repente um dos sóis, que tinha o temperamento arrojado e sindicalista da época. – Não somos macacos para ficarmos sempre trepados numa árvore. Para cá, para lá, como quem não quer nada da vida.

– Somos corvos e temos asas para voar sozinhos e quando quisermos! – disse outro. – Lá se foram mil anos de submissão, e isso já é tempo suficiente para obtermos a independência. Vamos nos divertir pelo céu afora, aproveitar a juventude!

Os dez concordaram unanimemente que na manhã seguinte se aventurariam a sair pelo mundo, todos juntos.

Apesar de o dia amanhecer chuvoso, antes mesmo de Xihe chegar com seu carro, os dez corvos saltaram da árvore e surgiram todos juntos e ao mesmo tempo, numa explosão de luz, calor e cor.

A chuva se dissipou e reluziram os dez sóis, assustadoramente abrasadores. Felizes, deram rasantes no ar e brincaram, voando um atrás do outro pelo céu.

Na terra, as pessoas acordaram com os raios de luz entrando pelas janelas numa iluminação ofuscante jamais vista e se depararam com dez erráticos sóis no céu.

– Que esplendor! – exclamavam, arrebatadas.

– Que visão fantástica!

– Temos sorte por podermos contemplar dez sóis de uma única vez!

Porém, quando o Imperador Yao acordou nesse dia sob o luminoso céu, logo se deu conta da catastrófica novidade.

– Por Di Jun, pai dos dez sóis, que desgraça é esta? – espantou-se o Imperador Yao. – Dez sóis num único dia é a maldição em forma de luz e calor.

Cada minuto que passava aumentava a tortura, o pavor e o calor. Antes do meio-dia, a plantação já tinha secado, e a terra, rachado. Muitos ficaram cegos por terem observado diretamente o céu. O rios evaporaram, e as rochas derreteram. Monstros terríveis saíram de suas tocas e apareceram para beber o sangue e comer a carne dos humanos e dos animais.

Salvaram-se apenas os que conheciam o espinafre de água, uma planta selvagem que crescia nas águas barrentas dos lagos que haviam secado, permitindo que as pessoas arrastassem suas miseráveis vidas por mais algum tempo.

Eis o resultado da desobediência de filhos mal-avisados de que não adiantaria exibir seu esplendor se acabassem com a plateia que os admirava.

A MORTE DE NOVE SÓIS

PUNIÇÃO NOS CÉUS DE TIAN

Em qualquer história, mitologia, lendas e religiões, os deuses sempre têm como missão precípua cuidar das suas criaturas e manter a sua vida. Neste mito, inverteu-se a situação, e foi Hou Yi, um mortal, quem socorreu os deuses graças a sua habilidade com o arco e a flecha. Na sua missão de socorrer os poderosos imortais, foi expulso dos céus e perdeu a imortalidade, que adquiria constantemente comendo os pêssegos da vida eterna. Essa ousadia prejudicou a ele, a sua mulher e modificou o rumo do mundo por todas as gerações vindouras.

Tudo começou com os dez sóis que surgiram todos no céu no mesmo dia.

O povo estava apavorado e clamava aos deuses em altos brados. Mas os deuses estavam surdos e só ouviam, nesses tempos antigos, os devotos que falassem com eles por intermédio de um artefato chamado Pi, que era um disco de puro jade com um furo no meio – algo como uma rosca esmagada.

Mas não era qualquer chinês que podia ter um Pi, pois na antiga China o jade tinha um valor superior ao do ouro e da prata. Somente quem fosse extraordinariamente rico e poderoso poderia possuir um artefato desses e, desse modo, somente Yao, o Imperador da Terra, tinha um Pi para se comunicar diretamente com os deuses.

Utilizou-se, então, o soberano desse objeto mágico e clamou aos céus por ajuda ao seu povo, nestes termos:

– Venha, ó deus, O Imperador Divino Jun e pai dos sóis, em socorro dos mortais! Convença seus filhos a voltarem imediatamente para a amoreira e que apareça apenas um de cada vez, para que a terra não seja aniquilada!

A divindade solicitada prontamente condescendeu ao solene apelo, pois Yao, o Imperador da Terra do Meio tinha, além do Pi,

crédito lá em cima. Não ostentava roupas luxuosas, comia o mesmo arroz que seu povo. Era um excelente governante e não tinha centenas de criados. Vivia num mundo real e permanecia aberto aos seus súditos. O deus Di Jun, sabendo de suas qualidades, lhe disse:
– Tomarei providências para que os sóis voltem à árvore – foi a resposta do deus soberano.

Assim, Di Jun procurou seus filhos, incitando-os a voltarem aos galhos da árvore e pararem com o aquecimento global. Mas se deu conta, o soberano celeste, de que sua autoridade havia diminuído ante a libertação dos seus filhos astros.

– *Crááá!* Preferimos os altos céus voando os dez juntos, o que não se compara ao aprisionamento a uma árvore – retrucaram eles ao pai, nem cogitando do prejuízo que causavam à humanidade.

– A escolha é de vocês! Terei que puni-los! Sofrerão as consequências!

Mas eles já estavam longe e ignoraram as ameaças.

O deus Di Jun chamou o Imperador Yao e lhe deu o arco vermelho divino, de grande precisão, com a missão de assustar os sóis por intermédio do Arqueiro Divino Hou Yi.

O imperador passou a missão a Hou Yi junto com o arco, e ele, tomando o objeto nas mãos, encantou-se com sua leveza. Tinha o peso de uma pena. Um artefato não feito por mãos mortais e de constituição divina de pura magia.

Falou-lhe o imperador ao entregar o objeto:

– Arqueiro, eis aqui dez flechas brancas de qualidade inigualável, juntamente com este arco divino cuja tração é leve como o ar. Afugente com ele os sóis da abóbada celeste. Assim ordena Di Jun, o deus, através de mim, Imperador Yao. Agora vá!

Partiu o Arqueiro Divino, seguindo o caminho da luz para encontrá-los. Viu pela destruição feita na terra que medidas brandas não surtiriam efeito com os dez sóis.

Quando Yi se aproximou teve de fechar os olhos, tal o brilho e o calor que emanavam os corvos. Mas mesmo de olhos fechados podia saber as suas posições.

Recorreu ao diálogo, antes de usar a força:

— Por Lu Shen, o Astro Deus das Dignidades, parem agora mesmo e voltem já para Fusang! — bradou Hou Yi, de olhos bem cerrados, dirigindo-se aos dez astros solares. — É comando de seu pai, Di Jun. Não estão vendo a devastação que estão causando à terra?

"Crá-crá-crá-crá...! Crá-crá-crá-crá...!" gargalharam os dez corvos-sóis, escarnecendo do arqueiro solitário.

— O ar é nosso habitat, e ninguém pode nos expulsar daqui. A terra não nos diz respeito — atirou altivamente um deles antes de desaparecer, juntamente com os demais.

— Voltem, ou serei obrigado, pelo deus, a atirar! — ameaçou o arqueiro, apontando-lhes o arco com uma de suas poderosas setas brancas. — Parem ou atiro! — gritou, ainda hesitante.

— Crá-crá-crá-crá... Crá-crá-crá-crá — fizeram todos, circundando o arqueiro em uma ciranda de zombaria.

— Somos os filhos de um deus e sabemos que papai mandou-o nos assustar. Veja como estamos apavorados! — e mostravam a língua.

— É! *Crááá!* Mesmo que porte um arco divino, você não tem gabarito para atirar nos filhos de um deus.

"Crá-crá-crá-crá...! Crá-crá-crá-crá...!", continuaram a gargalhar.

Os xamãs afirmam que há sempre uma fera dentro de cada um de nós, e Hou Yi soltou a sua na hora da fúria. Mirou e disparou uma flecha após a outra, como se tivessem sido teletransportadas direto no coração de cada sol.

Uma enorme explosão se deu no ar, fazendo voar chispas e fagulhas, e os sóis atingidos, um a um, apagaram suas luzes instantaneamente. Os corpos dos corvos vermelhos de três patas desabaram em grande velocidade e se espatifaram violentamente como bolas de fogo, nem parecendo que tinham asas de três metros de envergadura, torrando suas penas vermelhas em seu próprio fogo.

Como diz o provérbio chinês, *corvos em todos os lugares são igualmente negros*. Ali estava o que haviam sido os espíritos do sol, atirados no chão como coisa sem vida. Os astros não eram mais astros e nem mais coisa alguma. Não passavam de um monte de nada.

Tudo no céu e na terra ficou estático. Parado. *Os filhos de um deus haviam morrido.*

Desapareceram por completo e para todo sempre e, no céu, restava somente um sol, fruto da astúcia do imperador Yao, que subtraiu a última flecha, pois, ansioso, saíra de seu palácio e fora assistir a ação do arqueiro para verificar se teria dado certo o seu intento. Livrou assim a terra de um inverno e uma escuridão eternos.

Mas Di Jun, deus do céu do leste, quando olhou para os arredores da terra e viu somente um dos seus filhos vivos e Xihe, a mãe dos astros, imersa no mais profundo desespero pelo assassinato de sua nobre prole, tomou-se de tal fúria que fez a terra e o mar tremerem ante sua ira. Voando com a velocidade do vento, em cima de uma nuvem, ele interceptou o arqueiro:

– Maldito arqueiro, quem mandou-o cometer tal desatino?

– Seus filhos estavam devastando a terra e exterminando a raça humana e os animais, oh, deus Di Jun! Eles não me ouviam, e o que fiz foi tomar medidas desesperadas para salvar o que restou da humanidade.

– Se tem tanto amor pelos mortais a ponto de assassinar imortais por eles, viva, pois, como um deles! – gritou Di Jun, punindo-o no ato. – Como punição pela desobediência, será banido dos céus juntamente com sua mulher e perderão a imortalidade.

O último dos sóis, amargando a perda de seus irmãos, foi condenado a assumir sua jornada solitária, dia a dia, de um extremo do céu para o outro. Não era isso que ele havia desejado, trabalhar todos os dias? Agora, solitário, cumpria sua função diária, trazendo luz e calor para o mundo por toda a eternidade.

Esse foi o fim de nove dos mais brilhantes astros solares e a punição de Hou Yi, que foi exilado para a Terra, juntamente com sua esposa, Chang'e, para passarem o resto de seus dias como meros mortais. O sol que restou gozou da regalia de ser chamado de astro-rei e passou a ser reverenciado como indispensável e belo, aquele que trazia vida e alegria ao mundo e, devido a essa função cooperativa, nunca mais se queixou e nem cansou de seu trabalho.

Xi Wang Mu, a alquimista rainha mãe do Ocidente e sua dúbia trajetória

Mais inconformada do que o próprio arqueiro ficou sua esposa, Chang'e, que, recusando-se a tirar o pé do solo celeste, praguejava contra deuses e demônios:

– Maldita deusa da vassoura, sou eu lixo para ser varrida dos céus? Que a desgraça corroa os pilares de San Kuan[15] e que tudo exploda numa bola de fogo. Abominável Jiang Shi, amaldiçoada raça dos imortais tiranos!

Mas como pragas de mortais voltam para eles mesmos e nunca atingem os céus, viu-se Chang'e na obrigação de ir embora de mala e leque, acompanhando o marido, pois até mesmo nos céus de Tian havia a teoria de "casados na alegria e na tristeza".

O exílio não afetou muito Hou Yi, que foi recepcionado como um verdadeiro herói na terra. Todos o amavam e veneravam. Mas Chang'e era uma estranha e, desambientada pela falta das irmãs celestes, lamentava-se dia e noite sem parar.

– Bem se diz que as bênçãos são raras e as desgraças chegam em grupo – repetia, entre soluços, já quase desejando a morte.

Então Yi utilizava-se positivamente da sabedoria chinesa, dizendo:

– Meu amor, a derrota só será uma bebida amarga se concordarmos em tragá-la.

Mas ao ouvir falar em "bebida amarga" e "tragá-la", a deusa se pôs a chorar tão amargamente, lembrando-se da doce poção da juventude que a tornava encantadora, e queixou-se mais e tanto até comover definitivamente o bom marido.

– Pronto, você venceu. Vou até a Mãe do Ocidente. – comunicou ele, enfim referindo-se à Governante Primordial alqui-

---

[15]. São os três agentes: o Céu (Tien-Kuan), a Terra (Ti-Kuan) e a Água (Shui-Kuan).

mista que distribuía entre os deuses os frutos da prosperidade, longevidade e bem-aventurança eterna.

Ele pretendia convencer a alquimista do que ele poderia fazer e, com muita sorte, até conseguiria alguns pêssegos da juventude e imortalidade.

Chang'e ficou emocionada com o agrado do marido e a probabilidade de reabilitação no Reino Celeste que ele propunha.

Como Hou Yi era o tipo lento na promessa e rápido no desempenho, partiu nesse mesmo dia para a longa jornada até a cordilheira montanhosa Kuen Luen[16], em busca dos frutos.

* * *

A poderosa Xi Wang Mu começara sua vida, falando eufemisticamente, abaixo do rabo da raposa. Era retratada no início da mitologia chinesa com uma aparência assustadora de yaoguai, pois possuía rosto humano, corpo e garras de tigre e nove caudas de leopardo. Ela controlava os espíritos perversos e alastrava a praga, a doença e a destruição. Seus poderes malignos a habilitavam a fazer negras poções mágicas de causar inveja aos mais afamados bruxos e magos do oriente.

Mas a partir do século I d.C. essa controversa personagem passou de vilã a heroína. Subiu vertiginosamente na hierarquia divina ao oferecer ao imperador uma cesta de pêssegos mágicos. Esse gesto mudou sua vida e a de toda a humanidade. Implantou o taoismo e foi elevada ao alto posto de deusa, a detentora única dos frutos da imortalidade e dos poderes celestiais. Teve

---

16. Historicamente, a faixa de Kuen Luen fazia parte da Rota da Seda, onde passavam as caravanas entre a China e a Pérsia utilizadas para comércio de sedas, especiarias e ouro. Considera-se, na mitologia chinesa, que essas montanhas incluem o paraíso taoista. O primeiro ser a visitar este lugar foi, segundo a lenda, o rei Mu (1001-947 a.C.), da dinastia Zhou. Supostamente descobriu o Palácio de Jade de Huangdi, o mítico Imperador Amarelo, e encontrou Xi Wang Mu, a Rainha Mãe do Oeste, que também tem o seu mítico refúgio nessas montanhas.

a incalculável sorte de se casar com Mu Gong, o Senhor Real do Oriente e a personificação do yang, ou seja, o representante vivo da masculinidade. Como ela se tornara a personificação do yin, atraiu o interesse natural de Mu Gong.

O casal real teve nove filhos, 24 filhas e vivia em Kuen Luen em um palácio de mármore e jaspe, com nove torres altíssimas que alcançavam os céus, com vista para espumantes riachos e magníficos jardins, onde pessegueiros mágicos cresciam e frutificavam a cada 3 mil anos. Comendo apenas um a pessoa já se tornava imortal.

Para este local acorriam os imperadores a fim de legitimar suas reivindicações para governar. Filósofos atribuíam-lhe o conceito feminino do yin e alguns mitólogos a consideravam a "Mãe Ocidental", na dinastia Shang.

Correram mitos sobre sua alquimia, e ela subiu de posto até se tornar esposa do Imperador de Jade, Yu Huang, o deus supremo do panteão divino.

Ela, nos contos dos Oito Imortais, revela-lhes o segredo da imortalidade.

Sua morada ficava na remota montanha Kuen Luen, além das montanhas cardeais, a oeste. Um lugar coberto por plantas raras e mágicas e habitado por seres divinos, os *chen*. Esse lugar inacessível aos mortais era tão alto que atingia as nuvens e chamava-se a Capital Terrestre do Senhor do Céu, onde reuniam-se as divindades a cada mil anos para se deliciar com os pêssegos da eterna juventude. Circundava-o uma água levíssima, e todo aquele que a bebesse mantinha sua imortalidade, caso já possuísse esse dom divino.

O arqueiro divino era um frequentador desse pomar nos seus bons tempos de criatura eterna. Agora, na triste circunstância de exilado, via-se na contingência de fazer o trajeto a pé, quando antes lhe era dado o privilégio de ser transportado por dragões. Agora só podia contar consigo mesmo.

* * *

O ex-arqueiro celestial se comprometera com uma missão acima de suas forças, e isso agora lhe causava relutância e medo. Mas se o fizesse expurgaria sua culpa e tiraria de si o olhar de acusação da mulher.

Sentindo o peso da mortalidade, Hou Yi percorreu incontáveis milhas de desertos, ora escaldantes, ora gélidos, atravessou campos e montanhas, num tempo tão longo de viagem que nem ele soube definir quanto havia se passado.

Como que arrebatado por pensamentos austeros e fúnebres, vinham-lhe à mente imagens dos nove sóis que, por sua causa, tinham deixado de viver.

E a tela se repetia sempre e sempre, a cada passo. De que isso era loucura, já tinha quase certeza. Mesmo que seu juízo não estivesse mais no seu devido lugar, mesmo desacreditado de todos os deuses, o destino era dele, e faria uso como lhe aprouvesse do que restava de sua vida. Mesmo que as forças se exaurissem, ainda haveria a graça de recompor sua alma, que abastecida da fé do perdão dos deuses vinha se fortalecendo à medida que o corpo definhava. Quando conseguisse a fruta da imortalidade, retornaria aos céus novamente.

Caminhou o que tinha de caminhar sem reclamar uma única palavra e, após longo tempo, chegou do outro lado da noite. Havia ali um outro sol, outras águas, outras plantas, e ele acreditou que havia circundado o universo.

– Oh, céus, eu cheguei! Lá está finalmente Kuen Luen! – falou Yi em voz alta, assim que avistou, enfim, o cume da montanha paradisíaca.

Chegou a estender as mãos para tocar a montanha, tão próxima lhe parecia. Mas, quanto mais caminhava, mais distante o monte se achava. Não foi sem completa frustração e exaustão que o arqueiro alcançou, enfim, o sopé de Kuen Len. Mas da base até o pico, a montanha possuía ainda uma distância maior do que todo o trajeto percorrido até ali. Oh, deuses, era de desanimar.

Avistou o palácio de jade onde vivia a alquimista, a gigantesca árvore que a cada mil anos produzia os frutos da imortalidade. Essa visão lhe deu forças para prosseguir. Sentiu água na boca lembrando-se dos suculentos frutos avermelhados, que ele devorava em duas bocadas.

Alcançou o pico no último grau de exaustão e, com jeito e trajes de mendigo, chegou triste, faminto e carente.

– Alto lá! – gritou a alquimista, erguendo o braço. – Como ousa um mortal invadir o proibido território dos deuses?

Aprumou-se como pôde, ativando a pouca coragem e forças que lhe restavam. Não descarregaria na Grande Mãe suas desgraças, culpas e misérias. Negociaria à altura com a alquimista os frutos da imortalidade e retornaria sobre os próprios passos, recolhendo as migalhas de dignidade que se esvaíram no percurso.

– Sou Hou Yi, o arqueiro divino! – respondeu-lhe, erguendo o queixo timidamente.

– Era – disse ela. – Agora é um mortal, assassino dos nove sóis, e parece bastante judiado. Diria até irreconhecível, devido aos seus andrajos.

Ao ouvir estas palavras, ele ficou com tal pena de si que usou do estratagema de mancar para ir ao encontro da deusa. Aqui estava agora o Grande Arqueiro Divino, como um deboche, mancando como se aleijado fosse.

– Preciso de seus conselhos e de sua ajuda, Grande Mãe – disse, com voz quase inaudível. – Vim de muito longe em busca do fruto da imortalidade. Não me recrimine, pois já fui impiedosamente punido pelos deuses para pagar pelos meus erros.

Xi Wang Mu deu um profundo suspiro e, após uma longa pausa, disse:

– Endireite-se, pois a autopiedade não lhe cai bem. Mesmo que quisesse ajudá-lo, é tarde demais. Infelizmente, Hou Yi, o panteão inteiro dos céus de Tian acabou de se banquetear com a última safra de pêssegos. Se afiar bem os ouvidos, ainda poderá ouvir o som dos dragões e das carruagens se afastando. A próxima safra, como você já sabe, será somente para daqui a 3 mil anos.

O Grande Arqueiro emudeceu. Tudo ficou em silêncio no mundo de Yi, exceto o farfalhar dos pessegueiros que se moviam ao vento, exalando seu perfume característico. Lembrou com dolorosa saudade dos fartos banquetes celestes, em que os frutos eram servidos em abarrotados cestos.

– Veio me pedir também um conselho, qual é? – lembrou-lhe a rainha, para desviá-lo dos tristes pensamentos que a notícia visivelmente lhe gerara.

– O que faço com a minha mulher, inconformada com a mortalidade?

– Construa para sua mulher, o mais rápido que puder, o mais esplêndido palácio da face da terra. Torne a vida dela o mais atraente possível no novo mundo. Assim, ela haverá de se adaptar a essa fase da vida, e vocês poderão viver felizes e em paz.

– É um bom conselho – ele disse, com um lampejo de esperança brilhando no fundo dos olhos.

A alquimista acrescentou, percebendo os olhos dele fixos na mesa com as sobras do banquete.

– Acho que está com sorte – e reuniu os restos num pote e lhe entregou, após bater junto com ervas e cogumelos sobrenaturais. – Tome somente a metade desta poção, que é muito forte. A outra metade, dê para sua mulher. Com a graça dos deuses, ambos voltarão a ter o dom da imortalidade. Mas certifiquem-se de tomá-la em uma noite clara, ou vocês poderão se perder no meio do caminho entre a terra e o céu – alertou a feiticeira.

Cuidadosamente, Hou Yi colocou o frasco num saquinho de couro e atou-o firmemente em torno da cintura, decidido a não contar nada para a mulher até que houvesse uma noite clara o suficiente.

Após profunda, lenta e longa reverência de agradecimento à Mãe do Ocidente, ele retornou por um caminho longo e cheio de obstáculos, mas com a esperança no bolso e crente de que seria bem recebido por sua eternamente insatisfeita esposa.

TRAIÇÃO E CULPA

A PUNIÇÃO DA DEUSA DA LUA

O arqueiro seguiu à risca os conselhos da Grande Mãe. Em apenas dezesseis dias, surgia em frente aos olhos da bela Chang'e a mais majestosa moradia de sonhos: com paredes feitas de jade muito bem polido, madeiras docemente perfumadas e telhados transparentes.

A deusa ficou deslumbrada, sentindo-se dona daquele enorme aquário cujo telhado permitia ver até a chuva caindo e escorregando gota por gota em volta de si. Mas logo a infeliz e descontente achou motivo para desanimar o seu marido benfeitor.

– É muito lindo – disse ela, em lágrimas –, mas tudo se acabará um dia com a morte.

A infelicidade transformava seu rosto bonito em esgares de insatisfação. O incansável marido, buscando incessantemente a felicidade dela, resolveu antecipar a informação de que trouxera consigo um elixir poderoso.

Ela pulou sobre ele e exigiu que desvendasse todo o segredo e lhe mostrasse a poção. Ele, porém, esclareceu as condições da feiticeira para que surtisse o efeito desejado. Mas ela, na sua ânsia e descontrole gritou:

– Bebamo-lo imediatamente, meu amado e doce Yi, e assim teremos novamente acesso ao céu e viveremos juntos e felizes para todo o sempre. Além disso, encontrarei minhas irmãzinhas lá – disse com um ar até infantil, de tão dissimulada espontaneidade.

Ele, sensato que era, ponderou, lembrando a advertência da Mãe Rainha:

– Só vai dar certo se esperarmos o momento adequado, ou seja, a noite de luar bem claro. Precisamos da claridade para o trajeto até o Céu de Tian. Já construí-lhe um magnífico palácio para essa espera. Só mais um pouco de paciência, minha querida.

– É muito sensata a sua argumentação – respondeu ela, erguendo e baixando a cabeça em total concordância. Foram dormir na mesma cama, mas não com as mesmas ideias. Ela aguardava o dia em que seu marido fosse à caçada para vasculhar a novidade.

Quando este dia chegou, sentindo-se finalmente sozinha, olhou para o elixir, passou a mão no frasco, acariciou-o, sentiu seu cheiro e trouxe-o até o peito, imaginando sua entrada triunfal no Reino de Tian. Voltaria mais honrada do que nunca. Inconstante e inconveniente, mudava de posição como um cata-vento, o que lhe tinha rendido a alcunha de *caniço*. Mantendo contra si o precioso objeto, parecia-lhe vê-lo fermentar e querer sair do frasco. Aguardou com impaciência a chegada da noite, e Yi não apareceu.

Estava ele envolvido com suas benemerências, a distribuir generosas porções de faisão, veado, coelho, codorna, pato e demais caças para todos os camponeses que encontrava pelo caminho. Parava e conversava amigavelmente, como se mais nada tivesse a fazer.

Ela, ansiosa, o maldizia e reclamava em alta voz, caminhando de um lado para outro como fera enjaulada:

"Yi não é coruja para caçar à noite, o que faz ele que não volta? Sou sua dependente aqui na terra, e se ele me amasse o suficiente estaria aqui comigo."

Chang'e foi se entendiando cada vez mais e ansiando por um fato grandioso que a recuperasse. Olhou-se no espelho e viu-se a mulher mais bela dentre todas as que havia sobre a face da terra, mas isso duraria por tempo duvidoso.

Trouxe o frasco até os seus olhos, passou em seus lábios e achou-o de um tamanho tão minúsculo que o julgou incapaz de produzir efeito para duas pessoas. Uma metade não seria o bastante para ela. Era tudo ou nada.

"Com certeza, Yi foi iludido pela alquimista", pensou. "Ele sempre acredita nos outros."

Mas logo ocorreu-lhe uma dúvida pior.

"Ou será ele quem está me ludibriando e quer tomar a poção sozinho e se imortalizar enquanto eu ficarei aqui, envelhecendo e apodrecendo como uma mortal?"

Sentiu um ódio desmedido por Yi, pela alquimista, pela terra, pela noite e por tudo o que a afastava do seu Reino Celeste. Corroía-lhe um ciúme descomunal ao imaginar os deuses banqueteando-se sem ela, o marido pescando sem ela e tudo o que ocorria sob e sobre o céu sem a sua presença.

Os pensamentos se atropelaram e se cruzaram, chegando às raias da loucura.

Quando deu por si, tinha o frasco aberto e era a sua última e única chance. Sorveria tudo de um gole e partiria sem aviso rumo aos céus, pois deusa que era saberia dos caminhos.

Parou por um instante e teve um eflúvio de generosidade. Quando deusa, faria com que os deuses perdoassem seu marido, tornando-se ela a heroína. Tomaria de empréstimo dragões, cavalgaria até a morada da Rainha do Paraíso do Oeste e a persuadiria com sua eloquência a lhe conceder uma nova poção para Hou Yi. E permaneceriam os dois juntos nos esplêndidos céus de Tian, para todo o sempre. Ela o amava, mas a sua maneira tacanha.

Sentiu-se pronta e poderosa, pois até em uma generosidade ela tinha conseguido pensar. Sem titubear, atirou-se à aventura e bebeu tudo com sofreguidão.

Sentiu um gosto amargo na boca, e sua garganta começou a queimar. Como num relâmpago, seu corpo tornou-se leve como uma pluma, e ela se viu flutuando pelos ares frescos da noite, alcançando rapidamente as nuvens em direção à lua.

Hou Yi retornava da caça e viu Chang'e subindo para o céu. Não precisava ser xamã para adivinhar que ela tomara a poção mágica sozinha e sem qualquer preparação.

– Volte, Chang'e, a noite está muito escura e você vai se perder! – ele gritou desesperadamente para os ares, que se tornaram vazios no mesmo instante, pois ela havia desaparecido por entre as doze luas, que não mostravam a sua face inteira.

Hou Yi sentiu-se só, abandonado e sem amor. Abraçou-se as suas caças lamentando até a morte delas, embalsamando-as com suas lágrimas de tristeza e decepção.

Como era de se esperar, o efeito mágico da poção não foi completo e, ao alcançar a primeira lua, começou Chang'e a enfraquecer e em torno só via o infinito.

Atirou-se na primeira lua, e lá já havia dois outros donos que nem lhe deram bola: uma lebre branca que se mantinha ocupada em esmagar, incansavelmente, ervas medicinais num gigantesco pilão e um velho, Wu Kang, que estava sempre tentando derrubar a árvore da longevidade.

– Quem são vocês? – perguntou ela, com pose de rainha, como se os intrusos fossem eles.

– Sou um músico e... – respondeu o ancião, dando mais uma machadada no tronco, falando tão pausadamente como se tivesse a eternidade toda para fazer este trabalho.

Ela, toda atropelo, queria respostas urgentes e o interrompeu antes que terminasse a frase.

– O que o fez vir parar aqui?

– Fiz uma criação musical que não agradou aos deuses e fui banido para esta lua. Sou obrigado a permanecer aqui até que possa derrubar esta árvore de canela, que é imortal.

– Que punição inútil – desdenhou a deusa, ao ver que ele dava uma machadada cortando a casca e a árvore curava-se e fechava o corte antes do segundo golpe, e ele continuava levantando o machado para dar mais uma.

Ele mantinha-se ocupado e nada respondeu.

– Por que obedece? – retornou ela.

Ele continuou calado, e ela se viu obrigada a morar na lua não achando parceria nem para seus questionamentos e nem para suas discussões. Sua punição foi esta: não ter ninguém para compartilhar sua vida, pois as duas estranhas criaturas se mantinham refratárias.

O FIM DE HOU YI

O ARQUEIRO DIVINO

Quando Yi percebeu que sua esposa havia tomado o elixir mágico da imortalidade, ele sabia que sua vida acabara definitivamente e seu destino era morrer solitário. Pensava com frequência em Chang'e e lamentava a certeza de que ela havia se perdido no espaço, sem conseguir alcançar seu intento que era habitar nos céus de Tian.

Tudo virara-se do avesso para Yi desde que eliminara os nove sóis. Era o arrependimento que lhe corroía silenciosamente por dentro, dia e noite. Sua vida seguia num rumo não previsto, e ele apenas vivia, quase sem nada falar e nem pensar. Seu coração, se ainda o tinha, não manifestava o seu palpitar. Nem mais seus esforços davam resultados, além de nada mais lhe vir de graça, como nos bons tempos em que ele era um arqueiro escolhido pelos deuses. Sentia saudades dele mesmo quando menino.

Yi ponderou toda a sua vida e, para se redimir do mal feito, cresceu em generosidade. Passou a ensinar aos seres humanos a arte do tiro com arco e flecha e as habilidades de caça para que o conhecimento não se perdesse após sua morte.

Dentre eles havia um discípulo chamado Fengxi. O arqueiro fez dele seu pupilo predileto. Ensinou-o com dedicação, amparou-o nos momentos difíceis, torceu por ele e aplaudiu suas vitórias como faria a um filho. Aperfeiçoou-o, enfim, com esmero na arte da arquearia até que ele se tornasse o melhor dentre todos, só perdendo para o próprio Yi, que era o Grande Arqueiro Divino.

O aprendiz se empenhou em tornar-se um arqueiro perito, mas em seu coração não imitou o mestre. Queria ser o número um. Melhor do que o mestre. Nem ao menos lhe agradeceu, e sua inveja era tanta pelo talento incomparável do mestre que resolveu matá-lo para ser ele o número um na arte da arquearia. Emboscou-o numa floresta e ali Fengxi fez um bastão com um pedaço de madeira de pessegueiro e matou Hou Yi. A partir desse dia, os demônios ficaram com tal pavor dessa madeira que ela passou a ser usada pelos daoistas para exorcismos. Compadecidos da desgraça do arqueiro Hou Yi, os deuses lhe concederam o direito de ascender até a lua para se encontrar com sua mulher, Chang'e. Quando isso acontecia, o céu se iluminava e a lua ficava cheia e brilhante, refletindo o amor dos dois. Esta lenda popular remonta à Dinastia Tang (618-906). Cada província na China tem sua própria versão. Em sua homenagem há um Festival de Meio de Outono, que é uma celebração da colheita. Nessa noite, quando a lua cheia aponta no horizonte, os chineses reúnem-se com seus familiares ao redor de uma mesa colocada no pátio da casa e contemplam a lua. Nessa festa, os anciãos contam esta história enquanto todos comem melancia, maçã, uva e outras frutas, assim como *yuebing*, um tipo de bolo especial para essa ocasião.

PARTE III
Baxian
OS OITO IMORTAIS
DINASTIAS TANG A SONG (618-1279)

Os poderosos sábios

GIGANTES VIRAM ANÕES

Esta história surgiu na Dinastia Yuan, mas a maior parte das lendas dos Oito Imortais – transcendentes taoistas conhecidos por possuírem poderes mágicos e por abolirem influências malévolas – se originou na Dinastia Tang ou na Song. A primeira delas é acerca da tradição desses sábios eternos e fala das cinco ilhas paradisíacas, incluindo a morada dessas privilegiadas entidades. Trata-se da Ilha Paraíso, onde fica a montanha Penglai, um dos 108 paraísos taoistas.

Corre esta lenda de que havia, outrora, no longínquo Este, no Mar Oriental, um abismo sem fundo chamado Kuei Hiu, no qual se acumulavam todas as águas do mundo. Dos rios, mares e até as águas da Via Láctea e do Rio Celestial passavam pelo vau do céu e vinham parar ali.

Acima do abismo Kuei Hiu localizavam-se nebulosas ilhas no extremo leste do Mar de Bohai: Fangzhang, Yingzhou, Daiyu e Yuanjiāo. Sobre cada uma delas havia um paraíso, em forma de montanha sagrada com uma altura de 30 mil lis[17] e uma distância, entre si, de 70 mil lis.

No topo desse monte Penglai habitavam os Oito Sábios Imortais, segundo *Shan Hai Jing*[18]:

Zhang Guo Lao, o mula-velha teimoso;
Cao Guojiu, o pária real;
Han Xiang Zi, o filósofo voador;
Li Tieguai, o ladrão de corpos;
Lan Caihe, o bêbado desorientado;

---

17. Equivale a meio quilômetro.
18. Livro de contos mitológicos chinês que os eruditos acreditam ter sido escrito por inúmeros autores a partir do período dos Reinos Combatentes, no início da Dinastia Han.

Lu Dong Bin, o recuador tático;
He Xiangu, a flor imortal;
Zhongli Quan, o alquimista explosivo.

A ilha da montanha aparentava estar cercada de água, mas, na verdade, era uma espécie de *suspiro*, tão leve e fino que nada material poderia flutuar nela, impossibilitando assim a entrada de qualquer intruso.

Em Penglai, tudo era uma eterna primavera, e ali cresciam frutos mágicos nos montes e vales brancos como a neve. Não havia dor, e a temperatura era sempre amena. As tigelas de arroz e os copos de saquê estavam sempre transbordando, indiferentes à quantidade de pessoas que comiam ou bebiam deles. Tudo ao seu redor refletia a paz, de flores perfumadas a árvores peroladas. Os palácios feitos de ouro e platina reluziam em meio à alvura de tudo o que os contornava. Ali brotavam as fontes da vida eterna, que matavam a sede dos oito imortais e tinham o poder de ressuscitar mortos, desde que por morte natural. Conta-se que certa vez um mortal chamado Qin Shi Huang saiu com seu mensageiro Xu Fu em busca do elixir da vida eterna e fez inúmeras e vãs tentativas de encontrar a ilha da Montanha Penglai, mas sua jornada foi em vão.

Os imortais, no entanto, com seus mantos brancos e braços abertos, voavam como pássaros da paz entre as montanhas, de um lado a outro. Exaustos de planar, um belo dia eles chegaram unanimemente à conclusão de que poderiam alcançar muito mais velocidade e mobilidade de voo se não fosse o obstáculo das montanhas a sua frente.

– Era tão fácil voar antes desses entulhos de terra terem surgido das tempestades e enchentes – disse um deles assim que pousaram no pico de uma montanha para tomarem fôlego.

Todos concordaram e prosseguiram a sua vida de abençoados dos deuses. Assim, de tanto voar e ler os sinais, perceberam a iminência de uma catástrofe que faria colidir as montanhas com o continente.

Resolveram pedir ajuda ao Imperador do Céu, através de um mensageiro com o importante recado:

"Senhor deus, peço-vos que não permitais que as ilhas batam nos continentes e se destruam, pedimos portanto que retireis as cinco ilhas montanhosas daqui".

Ao receber a mensagem, o deus atendeu o pedido e enviou quinze gigantescas tartarugas para fazerem o trabalho.

As tartarugas criaram a tática de organizarem-se em trios: uma carregava uma montanha enquanto as outras duas torciam e a apoiavam, aguardando a troca de turno (manhã, tarde e noite).

Tudo correu a contento, e o imperador do céu recomendou às tartarugas:

– Fiquem a postos e durante 60 mil anos continuem a remover todas as montanhas que surgirem nessa região.

Depois disso, cada trio foi preso no fundo do mar para sustentar o peso da montanha: enquanto uma fazia o serviço, as outras duas apoiavam.

Tudo parecia resolvido, mas, certo dia, chegou um habitante do país dos Long-po ("País dos Condes-Dragão", os gigantes). O estrangeiro era tão incomensurável de tamanho que se assemelhava a uma montanha.

O colosso sentou-se no oceano gelado e calmamente tirou do bolso uma árvore milenar esguia e cascuda trazida de sua terra. Na ponta da árvore estava amarrada uma corda grossa como o corpo de um homem, que ele usou como isca para pescar e que se encontrava suspensa num gancho do tamanho de um navio.

Com isso, o gigante pescou, de uma só vez, seis das quinze tartarugas que se responsabilizavam pelas duas montanhas. Estas, sem o apoio das tartarugas, flutuaram até o Polo Norte, o que obrigou os seus habitantes a se mudarem dali, transportando, duramente, todos os seus bens voando.

– Malditos gigantes enxeridos, pagarão caro por esta ousadia! – bradou o imperador celestial quando foi inteirado da situação – De agora em diante, os punirei transformando-os de gigantes em anões.

Disse e fez.

Os gigantes acordaram sentindo sua cama espaçosa e nadando dentro de suas roupas. Isso era deveras estranho. Seria sonho ou realidade?

– De meu tamanho original sobrou apenas a sombra! – concluiu, por fim, um triste gigante transformado em anão.

Sua sombra, no entanto, continuava gigante, mas apenas devido ao horário do sol da tarde e porque, como diz o ditado do povo chinês: "um homem pequeno pode fazer uma grande sombra".

Inconformados com seu novo tamanho, os ex-gigantes passaram a crescer a altura usando tamancos e até perna de pau.

Há atualmente na China, em Shandong, uma cidade chamada Penglai. Se é ou não a da lenda, ninguém sabe. Mas há um ponto no porto que, os chineses juram, foi onde desembarcaram os oito sábios imortais e aqueles que afirmam avistar miragem no mar. Existe a teoria de que a Montanha Penglai é o próprio Monte Fuji.

A ASTÚCIA DE UM DOS IMORTAIS

O BANQUETE IMEMORÁVEL

Os Oito Imortais são atualmente venerados pelos taoistas em suas oito formas distintas de perfeição, como também são elementos da crença e cultura popular chinesa (por exemplo, é comum, até mesmo hoje em dia, as festas de aniversário de crianças terem como tema estas oito entidades), que os associam ao universo da magia e da fantasia. O poder de cada um destes extraordinários seres pode ser transferido para um objeto em favor da vida e contra o mal.

Este mito taoista deixa bem claro o grande abismo existente entre o chinês rico e o pobre e mostra como a interferência de um dos Oito Imortais torna generoso e humilde um homem arrogante e egocêntrico.

– Eu sou riiiiiico! Muito riiiiico!! Muahaha! – pavoneava-se o mercador e agricultor Kuang Zi Lian, alardeando a sua fortuna e passando com empáfia sempre bem longe dos pobres.

Era dono de meio mundo (das mais vastíssimas terras que havia), e o seu palácio estava repleto de jade, inestimáveis tesouros e riquezas de todas as formas. Suas roupas eram feitas com as sedas mais puras da China. Enfim, tudo era requinte, fausto e ostentação.

– Vou fazer uma festa de pompa e circunstância neste meu aniversário! – exclamou ele, já ordenando que organizassem o espetacular banquete. – Vou começar por ladrilhar as ruas com arroz. Tornarei tudo branco como a Montanha dos Imortais – e ordenou que limpassem as ruas, tirassem as pedras e colocassem arroz no lugar.

– Arroz!? – espantaram-se os seus conselheiros, sabendo da miséria do povo.

– Mas, senhor – argumentou um deles –, o povo nem mesmo tem arroz o suficiente para comer! Será que deveríamos utilizá-lo dessa forma?

— Se o povo não tem arroz, por que não come carne?[19] — respondeu o rico.

Eram tempos difíceis, em que não se jogava fora nem um grão de arroz num casamento (costume que se originou na China), pois muitos morriam de fome e outros só comiam arroz. O desperdício era um desrespeito à sociedade, exceto para Kuang Zi Lian, que estava se lixando para a miséria alheia.

— Qualquer pessoa normal pode comprar arroz, mas só eu, o pobre menino do passado, sou agora tão poderoso que posso pisar em cima, como pisaram em cima de mim — exclamou com os olhos apertados como um risco, voltando-lhe à mente os duros e humilhantes tempos de infância.

A novidade sobre o pomposo banquete de Kuang Zi Lian espalhou-se entre os mendigos da região como o fogo na pólvora. Pedintes miseráveis foram arrastando seus farrapos em direção ao palácio, carregando cada qual nas mãos a tigela com que costumavam esmolar. Quem não tinha uma vasilha, encheria as mãos em concha, pois o arroz valia mais do que o ouro.

Bem logo uma trupe de maltrapilhos salivava, observando os cestos abarrotados de arroz sendo despejados no chão pelos trabalhadores numa cascata. Mas ninguém se atreveu a fazer um único gesto.

— Se o arroz está no chão, será que podemos pegá-lo para comer, sem a permissão do dono? — atreveu-se a perguntar um deles.

— Não ousem! Um grão de arroz pode lhes custar a vida! — avisaram-lhe os trabalhadores.

— Afastem de meus domínios aquela gentalha nojenta! — gritou o ricaço assim que se deparou com os esfarrapados estendendo as tigelas vazias. — Coloquem logo um tapete vermelho

---

19. Muito antes de ser (erroneamente) atribuída à rainha da França Maria Antonieta a alienada frase a respeito da situação do povo faminto a ponto de sugerir "se o povo não tem pão, que coma brioche" ocorreu na China. (Gregory Titelman, *Random House Dictionary of Popular Proverbs & Sayings*, 1996).

para cobrir o arroz antes que esses esfomeados ataquem minha estrada. Que o tapete vá até os portões de minha mansão, passe pelos meus jardins e siga até a porta da frente do meu palácio – ordenou Kuang Zi Lian. – Mas não esqueçam: quero uma camada bem grossa de arroz sob a passadeira, de modo que todos os meus convidados desfrutem do meu caminho abastado, fiquem cientes da minha riqueza e morram de inveja.

Ninguém jamais havia visto algo que se comparasse àquilo. Tanta ostentação era um acinte e um desrespeito à miséria alheia, além do péssimo gosto e do desmesurado cinismo que chegava às raias da vulgaridade.

Os relatos do abusivo desperdício chegaram aos ouvidos de Zhao Shen Xiao, um justo magistrado da cidade que, ao ser questionado, constatou pesaroso:

– Infelizmente, não há lei que impeça a esse egocêntrico de ladrilhar a estrada com arroz. Ele pode dispor da sua riqueza do modo que melhor lhe aprouver. Mas bem que eu gostaria de achar um furo nessa lei e dar uma boa rasteira naquele soberbo esbanjador.

Chegou o dia do grande banquete. Os criados corriam de um lado para o outro, cuidando dos últimos preparativos para a recepção dos convidados. Da cozinha vinha um aroma delicioso, as tigelas de porcelana brilhavam dispostas em diversas fileiras de mesas cuidadosamente envernizadas. As estátuas recebiam um último polimento, e a passadeira era varrida mais uma vez.

De súbito, irrompeu um pedinte casa adentro, driblando as legiões de criados, e foi direto à cozinha com a velocidade de um foguete. Estendeu a tigela e pediu arroz.

– Caia fora daqui, infeliz, antes que te matem! – foi a resposta de um dos cozinheiros.

– Pelo amor de Zao Jun, o deus da cozinha que tudo vê, só peço algumas sobras. Minha mulher e o meu filho não comem nada há três dias.

– Por Zhu, a ave de pior agouro de quantas há, o que está acontecendo aqui? – perguntou um guarda, abordando a cozinha.

Ante as explicações, acrescentou: – Não conhecem o provérbio que diz, "ao invés de dar comida a um mendigo, dê-lhe uma varada?" – e agarrou o mendigo e arrancou-lhe a tigela vazia das mãos, atirando-o escada abaixo.

O desgraçado rolou e, no tombo, agarrou com presteza uma mão cheia de arroz e saiu correndo com o nariz sangrando, mas foi preso com ferocidade.

– Largue este arroz, ladrãozinho de meia tigela – ordenou um guarda abaixo de pataços.

– Como poderá fazer falta ao teu amo uma mão cheia de arroz se tem a estrada cheia dele? – suplicou o mendigo.

– Não questione a ordem de nosso patrão, você nem é daqui – gritou o guarda. – Obedeça, apenas – e apertou de tal forma o pulso do prisioneiro que ele se viu obrigado a deixar escorregar os grãos de arroz por entre os dedos.

Os convidados começaram, enfim, a chegar. Todos os nobres e ricos proprietários de terras dos arredores seguiram batendo os tamancos sobre os ladrilhos de arroz, de olhos baixos, pela primeira vez na vida, reverenciando a estrada, o chão onde pisavam.

– Oh! – era o que mais se ouvia dos convidados, entre todo tipo de caretas e expressões de deslumbre.

Banqueteavam-se entre risos e comilanças quando, de repente, o arrebatamento se transformou em terror. Por algum sortilégio, as tigelas começaram a esquentar e queimar as mãos dos convivas, que as jogavam para longe aos gritos. O arroz de melhor qualidade transformou-se em larvas e insetos, e as massas em minhocas que se contorciam ante seus olhos. Puseram-se a fugir amaldiçoando o anfitrião que, mais apavorado do que eles, se perguntava a origem dessa alarmante transformação.

O anfitrião berrou, num descontrolado achaque.

– O que está acontecendo aqui? – mas recuperou-se em alguns segundos e acrescentou num sorriso:

– Atenção, todos! Voltem, fiquem calmos e confiem em mim. Tudo vai se resolver. Os meus guardas relataram-me um incidente com um mendigo. E isso é um trote, mas ele se arrependerá de ter nascido.

Ante tão confiantes palavras, todos os senhores do banquete se acalmaram e aguardaram o andamento das coisas.

Kuang Zi Lian saiu de um lado a outro, berrando.

– Quem foi o imbecil que deixou entrar o mendigo? – e, deparando-se com o miserável, ofendeu-o de todas as forma e deu-lhe tal pataço na cabeça que o matou na hora.

Retornou sorridente, já com ordens para que se refizessem os manjares, e aos convidados pediu que aguardassem um pouco enquanto eram servidos de saquê.

Ora, estando tudo sob controle, um silêncio aliviado desceu sobre o castelo, e tudo voltou ao seu eixo.

Mas alguém, indignado, tomou a si a tarefa de comunicar o cruel homicídio ao magistrado Zhao Shen Xiao. Sem perda de tempo, esse justo senhor dirigiu-se, acompanhado de policiais, à casa de Kuang Zi Lian para averiguar a morte do mendigo.

– Muito estranho que o corpo continue ainda aqui – intrigou-se o magistrado ao se deparar com o cadáver bem na entrada.

– Era de se esperar que Kuang Zi Lian tivesse tido a precaução de ocultá-lo para o caso de haver uma investigação.

Não tardou a descobrir a razão desse aparente desleixo. Ninguém, nem o mais parrudo dos guardiões do castelo, nem todos juntos haviam conseguido levantar dali o corpo, que estava absurdamente pesado.

Zhao Shen Xiao curvou-se e revistou os bolsos do morto. Encontrou ali um bilhete, que desdobrou e leu as poucas palavras:

"Poupe a vida de Kuang Zi Lian, mas condene-o a varrer as estradas até não restar um último grão de arroz.
Assinado: Li Xuan, o imortal".

– Tragam até mim Kuang Zi Lian – disse o magistrado a um guarda, após tornar a dobrar o bilhete e guardá-lo.

Em seguida, o homem mais rico de toda a província estava diante dele com sua empáfia.

– Mataste este homem! – acusou-o Zhao Shen Xiao. – Tenho testemunhas.

– Era um ladrão e invadiu a minha propriedade – respondeu Kuang Zi Lian, estranhando o tom confiante do magistrado diante dele, o mais poderoso dos homens.

– Estás redondamente enganado – acrescentou o magistrado. – Não era nem um ladrão nem um pedinte. Tratava-se de Li Xuan.

Uma expressão de horror estampou-se no rosto do anfitrião e de todos os presentes. Aquele homem fedorento, coberto de trapos imundos, que se encontrava no chão, era quase um deus, um dos Oito Imortais. Ele conseguia voar pelos ares a velocidades fantásticas e lutava ferrenhamente para acabar com o mal no mundo. Havia lutado bravamente numa violenta guerra épica com o Rei Dragão e seu exército para libertar um dos oito que havia sido capturado.

Jazia morto esse lendário personagem, o mais extraordinário do mundo. Havia se oferecido em sacrifício em prol do bem e da justiça.

– Não fale besteiras! – gritou Kuang Zi Lian, com medo nos olhos. – O morto é apenas um mendigo. Nada mais que um mendigo.

– Então por que teu banquete foi arruinado da forma que foi? E por que nem tu, nem teus empregados, eu, ou meus ajudantes conseguimos nem ao menos mexer do lugar o corpo desse homem esquálido? Encontramos um bilhete assinado por ele em seu corpo. Este é indubitavelmente Li Xuan que vemos atirado no chão.

– Mas... mas... Li Xuan é um imortal. O homem está morto – tartamudeou o assassino, sem saber o que alegar.

– Está morto – garantiu um conselheiro, segurando com devoção o punho do cadáver.

Kuang Zi Lian inclinou-se numa tão profunda reverência que tocou o corpo de sua vítima.

– Maldição! Ai de mim, a minha punição será terrível! Que desgraça! – lamentava-se prostrado ao chão, enchendo as mãos de arroz e jogando na cabeça. – Como ia saber que esta... esta... criatura era um dos Oito Imortais?

– Claro que não haveria de saber – confirmou Zhao Shen Xiao. – Pois justamente a intenção dele era disfarçar-se para submetê-lo a um teste, em que você falhou miseravelmente e que custou a vida dessa divindade. Só me resta mandar decapitá-lo por tal profanação.

"Mexer com os deuses dá nisso...", murmurava o povo.

– Poupe-me! – implorava Kuang Zi Lian, completamente transtornado. – Distribuirei tudo o que tenho. Tudo, a começar pela estrada de arroz. Que comam a estrada, até o último grão, que devorem o gado de meus pastos e que exterminem num dia toda a riqueza que demorei a vida toda para acumular. Que a plebe se esbalde com meus tesouros – disse e refreou a língua que já completava quase que automaticamente "a maldita plebe".

Indiferente a seus pensamentos um estrépito de "vivas!" sacudiu todas as mangas dos quimonos esfarrapados dos mendigos e braços se elevaram às alturas em agradecimento aos imortais.

– Vamos, deixe-me ver! – declarou Zhao Shen Xiao. – Posso até pensar em poupar a sua vida, mas, como punição, junte com suas próprias mãos todo este arroz da estrada e coloque nas tigelas dos pobres que ficarão em fila para recebê-lo. Depois, prossiga varrendo as estradas, até que não reste um único grão.

– Maldição! Maldição, pois que assim seja! – cedeu Kuang Zi Lian, dando-se por satisfeito que sua cabeça continuasse firme sobre o seu pescoço.

– Peguem com cuidado o corpo do poderoso imortal e tirem-no daqui! – ordenou o magistrado aos seus homens.

Quando obedeceram, espantaram-se com a leveza. Li Xuan pesava menos do que uma pena. Colocaram-no num caixão e o levaram dali. Quando o magistrado tornou a olhar dentro do caixão, o imortal havia desaparecido.

"Ora, ora, ora", pensou o magistrado, "imagine se um mísero chute de um presunçoso iria destruir um imortal. É preciso estar cego e muito confuso para crer nisso."

Logo Li Xuan estava reunido com os outros sete companheiros de imortalidade, contando-lhes sua façanha.

– Ninguém obrigou o avarento Kuang Zi Lian a distribuir suas riquezas. – disse o imortal Li. – Ele o fez, por conta própria, pois seu medo era ainda maior do que sua avareza.

– Deu uma merecida lição para aquele sovina – foi a voz dos demais sete imortais, entre gostosas gargalhadas.

Não é porque eram sábios que não tinham senso de humor.

Lu Dong Bin, o guardião do bem

Desde a dinastia Song do Norte, correm muitas lendas a respeito de Lu Dong Bin[20], personagem popular da cultura chinesa secular que faz parte dos Oito Imortais, grupo de transcendentes taoistas que possuem o poder de voar, se metamorfosear e dominar o sobrenatural.

Retratado como um erudito de barba longa e rala, ele carrega sempre uma espada nas costas, utilizada para expulsar demônios e monstros, e uma cabaça no pescoço, que representa saúde e longevidade, uma vez que contém o elixir da imortalidade. Na mão ele empunha um mata-moscas, que simboliza a eliminação da ignorância e do mal.

Seu aniversário é celebrado no dia 14 do mês lunar chinês 4, seu nascimento foi no ano 798 d.C., e o seu nome secular é Lu Yan. Corre a lenda que, quando Lu nasceu, uma garça branca entrou pela janela, pousando na cama de sua mãe, e ouviram-se sons melodiosos de flautas vindos não se sabia de onde.

Lu Dong Bin cresceu sendo treinado para ser um oficial da Corte Imperial. Aprendeu os clássicos Confucionistas, escreveu poesias e praticou as artes marciais. Mas sua verdadeira inclinação era o taoismo. Admirava com veneração os sábios Chang Liang e Fan Li, que haviam dado as costas às glórias do mundo para cultivar o Tao. E por mais que se desdobrasse estudando para vir a ser um funcionário do governo, jamais conseguiu passar num único exame imperial do serviço civil.

Certa vez, quando voltava a caminho da capital após fracassar mais uma vez no exame, parou numa pousada para dormir. Sentou-se a uma mesa, pediu vinho e bebeu, suspirando

---

20. Segundo Richard Wilhelm, Lu Dong Bing foi quem fundou a Escola do Elixir de Ouro da Vida (Jin Dan Jiao) e quem apresentou o material utilizado para o livro *Tai Yi Jin Hua Zong Zhi* ou *O segredo da Flor de Ouro*.

profundamente. Estava na segunda taça quando ouviu uma voz que vinha de trás de si:
— Por que suspira tanto e bebe tão sozinho?

O jovem se virou e deparou-se com um velho de sorriso tranquilo, abanando-se com um leque enquanto rabiscava um poema na parede. Seus cabelos eram longos, vestia uma túnica simples e calçava tamancos.

Lu leu o poema na parede e ficou fascinado.

— Estou suspirando assim — disse Lu — por ter sido reprovado no exame imperial mais uma vez — e contou ao estranho toda a sua história, acrescentando: — Este mundo de glórias e riquezas é muito frustrante, não consigo adaptar-me a ele. O que gostaria mesmo é de cultivar o Tao.[21]

— Sou chamado de sábio eremita — disse o velho. — Se quer aprender o Tao, siga-me para as montanhas.

Lu Dong Bin nada respondeu, dividido que estava entre o mundo de glórias e a reclusão numa montanha.

— Pense numa resposta enquanto vou cozinhar o painço — disse-lhe o mestre, entregando-lhe uma almofada para que descansasse. Depois, dirigiu-se ao fogareiro e se pôs a cozinhar o cereal.

O jovem adormeceu com a cabeça reclinada na almofada e sonhou que havia sido aprovado, com louvor, em todos os exames do serviço civil. Como merecimento, foi-lhe dada uma alta posição no império. Logo casou-se com uma bela e encantadora jovem, de excelente e rica família, e teve uma numerosa e bela prole. Tudo ia de vento em popa e ele vivendo sua vida muito feliz de marido, pai e alto funcionário do governo quando, certo dia, foi acusado injustamente de roubo por colegas invejosos. Por mais que jurasse inocência, perdeu o seu cargo na corte e toda a sua riqueza. Seus filhos foram mortos por criminosos,

---

21. Significa *o Caminho* ou *o princípio*. Antiquíssimo conceito que só se apreende por intuição. Adotado como princípio básico da doutrina taoista, fundada por Lao-Tsé, o Tao identifica-se com o *absoluto* que gerou o yin e o yang.

e sua esposa o abandonou. Acabou sozinho, doente e faminto, mendigando pelas ruas.

Acordou sobressaltado com o mestre dizendo que seu painço estava pronto.

Vivera, no seu sonho, um tempo de mais de vinte anos em que fora agraciado com fama e riqueza, casara-se e tivera muitos filhos para perder tudo em uma queda política. Na realidade, tudo não passara de um período de tempo tão breve quanto levou o mestre para cozinhar o seu cereal.

Ainda aturdido pelo sonho, Lu sentou-se para comer e o mestre Zhongli Quan lhe disse:

– Antes de o milho ficar cozido, o seu sonho levou-o às alturas e ao chão.

– Como sabe do meu sonho? – perguntou Lu Dong Bin, atordoado.

– Eu apenas conheço a natureza da vida e suas ilusões – respondeu Zhongli Quan. – Nós nos levantamos e caímos, e tudo se desvanece num piscar de olhos, como num sonho.

– Esse sonho fez com que eu me decidisse a aceitar ser seu discípulo e aprender o Tao – foi a resposta de Lu.

– Será meu discípulo, mas, antes de aprender o Caminho, tem ainda muito caminho a percorrer – respondeu-lhe Zhongli Quan.

Determinado, Lu abandonou o mundo da ambição e do luxo e passou a viver uma vida simples, a fim de preparar-se para aprender o Grande Tao.

Encontrava-se Lu em Chang An quando foi testado pelo seu mestre Zhongli Quan dez vezes.

A primeira vez, Lu voltava de uma peregrinação na montanha e, ao chegar em casa, encontrou sua amada gravemente doente, às portas da morte. Sem uma queixa ou lamento, ele se pôs a preparar a mortalha e o caixão para o sepultamento. Mas, surpreendentemente, ela foi recuperando a saúde e ficou completamente curada. Lu recebeu isso com a mesma naturalidade com que havia recebido a ideia de sua morte.

Estava um belo dia o jovem discípulo trabalhando de vendedor em um mercado quando um comprador, após pegar a mercadoria, recusou-se a pagar o valor certo e se afastou praguejando contra ele. Lu deixou que se fosse e prosseguiu seu trabalho como se nada houvesse acontecido.

No primeiro dia do calendário lunar, Lu encontrou um velho mendigo que lhe implorou por uma esmola. Quando a deu, o velho despejou sobre ele uma chuva de pragas e maldições, dizendo-lhe que o que lhe dera era uma vergonhosa mixaria. Mas Lu nada revidou e afastou-se num passo tranquilo.

Pastoreava Lu as suas cabras quando apareceu um tigre faminto para devorá-las. O pastor as protegeu, guiando-as para a encosta, e ficou na frente da fera, pronto para enfrentá-la, mas o tigre deu-lhe as costas e afastou-se sem feri-lo.

Estava Lu Dong Bin estudando, isolado em uma pequena cabana em uma montanha, quando bateu à porta uma bela e deslumbrante senhora que pediu abrigo por uma noite, alegando estar perdida. Ele recebeu-a gentilmente. No meio da noite ela foi seduzi-lo na cama, mas o jovem resistiu à tentação.

Outra vez, quando voltava para sua casa, encontrou-a vazia. Fora saqueada por assaltantes. Sem se alterar, o jovem começou a trabalhar a terra para plantar o arroz para comer. Estava cavando quando, de repente, encontrou um pote de tesouro enterrado. Ele prosseguiu seu trabalho sem cobiça e sem se apossar de uma única peça de ouro.

Outra vez, Lu comprou alguns objetos de bronze em um mercado, mas, ao chegar em casa, percebeu que todas as peças eram de ouro. Voltou ao vendedor e as devolveu.

O jovem taoista passava pela rua certo dia quando se deparou com um homem que estava vendendo uma poção e dizendo às pessoas que o seu elixir mágico teria um de dois resultados àquele que o bebesse: mataria na hora ou daria a imortalidade. Ninguém se atreveu a tomá-lo, exceto Lu, que o comprou e bebeu tranquilamente diante de todos, sem que nada lhe acontecesse.

Estava Lu, certo dia, atravessando o rio em um barco juntamente com outros passageiros, quando o tempo armou-se e veio um terrível temporal. Todos ficaram em pânico, exceto Lu, que permaneceu sereno e inalterado.

Certa noite, encontrava-se ele sozinho em casa quando, de repente, surgiram monstros e demônios que se atracaram numa feroz e barulhenta batalha. Lu prosseguiu tranquilamente fazendo suas tarefas, sem lhes prestar atenção. Eles então passaram a provocá-lo, dizendo:

– Viemos buscar a sua vida. Você a deve a nós, pois em vidas passadas tirou as nossas – e aproximaram-se dele com suas carrancas horrendas e as mãos estendidas pingando sangue.

– Vão em frente e tirem a minha vida, então – respondeu-lhes Lu, calmamente. – Desde que seja verdade que eu tenha tomado a suas vidas no passado, considero isso justo e lícito.

De repente, o dia clareou, e os monstros e demônios desvaneceram-se na luz do sol.

Surgiu a sua frente o mestre Zhongli Quan, com um sorriso satisfeito:

– Esses dez testes pelos quais você passou ultimamente – falou o mestre – comprovaram que você é puro e digno de aprender o Tao. Sinto-o preparado agora para aprender as artes taoistas, a alquimia, a esgrima, a cultivar a mente e o corpo. Comecemos, pois, por transformar pedra em ouro.

Lu Dong Bin prostrou-se numa lenta e profunda reverência diante do mestre e então perguntou:

– Quando transformadas as pedras em ouro, assim permanecerão para sempre?

– As pepitas voltarão a ser pedras após 3 mil anos – respondeu Zhongli Quan.

– Não me agrada aprender uma técnica que pode criar ilusão – respondeu o discípulo.

– O seu poder de entendimento sobre o Tao ultrapassa o meu – reconheceu o mestre, num longo suspiro.

Satisfeito por ter esse jovem como seu pupilo e por poder passar-lhe o segredo da vida, ensinou-lhe, então, a cultivar a sua mente e o seu corpo, exterior e interior. Posteriormente, formaram eles um *Zhong-Lu Ouro Dan*, escola do taoismo.

Assim que o discípulo aprendeu o segredo do Caminho com seu mestre, em vez de usar os ensinamentos para benefícios próprios ele se voltou para ajudar as pessoas a andar no caminho certo e a melhorar a sua saúde, bem como suas condições de vida. Lu Dong Bin teve muitos seguidores para praticar tal caminho, e os tem até hoje.

Após ter terminado os ensinamentos, o velho imortal disse:
– Estou prestes a ascender ao céu e habitar entre os deuses. Você tem praticado o Tao e também será capaz de voar para o céu.

Lu Dong Bin prostrou-se outra vez diante do mestre e respondeu-lhe:
– O mestre está destinado a seguir por entre caminhos celestiais, mas o seu discípulo ainda não está pronto. Sou mais útil aqui na terra ajudando os necessitados e ensinando aqueles que querem aprender o Tao. Ascenderei aos céus somente depois que tiver iluminado todos aqueles que desejam aprender o Caminho.

– Os seus feitos em nome do Tao são superiores aos meus – repetiu-lhe Zhongli Quan, prostrando-se respeitosamente diante do seu antigo discípulo.

Dito isso, desapareceu o mestre por entre as névoas do caminho. Lu Dong Bin olhou longamente por onde ele havia desaparecido e então desceu lentamente a montanha, de olhos postos nos seus pés que se moviam por vontade própria.

Caminhou, assim, feito andarilho pelas terras da China, ensinando a todos aqueles que queriam aprender sobre o Tao e lançando sua espada para exorcizar e eliminar os demônios.

Foi assim que Lu Dong Bin, de acordo com o livro "Os Oito Imortais Alcançam o Tao", foi, na sua encarnação anterior, discípulo do mestre taoísta Zhongli Quan e se tornou um imortal.

Lu Dong Bin, o indômito imortal

Lu Dong Bin faz parte dos Oito Imortais e dos Cinco Patriarcas do Norte. É denominado Imortal da Compaixão pelo seu poder de curar doentes, ajudar os necessitados e iluminar aqueles que desejam adquirir sabedoria e atingir a iluminação espiritual. Com suas ideias de inovação e reforma no taoismo, Lu mostrou a importância de integrar ambas as práticas, taoista e budista, como também a importância de nutrir o corpo e cultivar o espírito.

Possui uma infinidade de títulos honoríficos que lhe foram concedidos por vários imperadores ao longo da história, incluindo Homem Perfeito, Mestre Puro Yang, Patriarca, Milagroso de Poderes Supra-humanos, Aperfeiçoado Senhor do Puro Yang, além de numerosos outros. Sem falar que ele próprio se autodenominou de Aquele que Retorna ao Tao.

Segundo a tradição taoista, Lu Dong Bin é o fundador da arte marcial interna, cuja técnica chama-se "Espada dos Oito Imortais" e é considerada uma preciosidade das artes marciais da Montanha de Wudang.

Tinha planos audaciosos na prática da alquimia taoista externa e também na alquimia interna, através do desejo de alcançar a imortalidade, provando ervas, minerais e elixires refinados de elementos como o ouro, a prata e o mercúrio. Em suma, procurava promover a longevidade e a saúde através da prática da meditação, cujo intuito é cultivar energias internas do corpo.

Certa vez, estava ele voando sobre um mosteiro Zen localizado em Lushan quando percebeu que pairava uma nuvem púrpura sobre o templo, indicando que algo profundamente sagrado ocorria ali dentro. Curioso para saber o que era, Lu transformou-se em um monge budista e entrou no salão principal do mosteiro no exato momento em que o abade, Mestre Zen Huanglong[22], estava fazendo seu discurso. Ele parou e disse:

— Eu não vou falar mais sobre o budismo porque há um intruso Dharma aqui entre nós.

Lu Dong Bin voltou a sua forma original, deu altivamente um passo para frente e perguntou ao mestre:

— Quer me explicar o que entendem os budistas sobre os dizeres "Um grão de milho pode conter o universo e as montanhas, os mares e os rios podem caber em uma pequena tigela"?

— Demônio que guarda cadáveres, eis o que é – respondeu enigmaticamente o Mestre Zen Huanglong, referindo-se àquele que está ligado ao seu corpo físico, mas que é na verdade algo impermanente, e acrescentou: – A verdadeira natureza de todos os fenômenos é caracterizada pelo vazio.

Lu Dong Bin não entendeu patavina do que aquele monge queria dizer sobre o vazio. Mesmices de monge zen não eram com ele. A ânsia de expor suas ideias taoistas e a urgência na sua aplicação deram-lhe um ar tresloucado. Teve ímpetos de lançar sua espada contra o velho e liquidá-lo, para provar o poder da sua fé taoista. Tentou, no entanto, mais uma vez se corrigir dessa falha que destoava tanto de sua honrada missão de pregador do Tao e disse, por fim:

— Minha cabaça está preenchida com o elixir da imortalidade – e apontou a cabaça que carregava pendurada ao pescoço, para provar o quanto era furada e oca a teoria do vazio.

— Mesmo se você fosse capaz de viver por 80 mil aeon[23] – respondeu calmamente Huanglong –, ainda assim não poderia evitar de cair no vazio.

Descontrolado, Lu Dong Bin não teve dúvidas desta vez e lançou sua espada mágica contra Huanglong. O mestre zen apenas apontou o dedo para a espada e ela caiu no chão.

---

22. Huanglong é considerado, segundo o Mestre Zen Hsu Yun, um mestre iluminado e reconhecido mundialmente pelos budistas chineses como sendo o maior monge zen dos séculos XIX e XX.

23. Período de tempo na cosmologia budista e hindu.

O jovem ainda tentou recuperar a arma, mas ela não se movia. Como poderia um mestre Zen ser mais poderoso do que ele? Debateu-se interiormente por alguns momentos com sua índole indomável, buscando dentro de si a calmaria de um entendimento isento de vendavais. Mas o desespero dava no que se via ali: era ele uma aflição só. Mesmo sendo uma criatura boa e honrada, a complacência não era o forte de Lu Dong Bin, que costumava ser rústico na cobrança de atitudes dignas, em especial com aqueles mestres budistas que não buscavam o Tao.

Surpreendentemente, seus joelhos se dobraram por conta própria e sua cabeça foi até o chão. Viu-se dizendo, numa respeitosa prostraçao ao mestre zen:

– Peço, por favor, que me ilumine, mestre Huanglong – implorou com a espontaneidade de um soluço.

– A ideia que dá signo ao que você chama de "grão de milho" é a mesma que dá ao que você chama de "universo" – esclareceu-lhe Huanglong. – Os conceitos e as coisas não têm a mínima importância. Para se alcançar a verdadeira iluminação, é preciso abrir mão de todas as formações mentais que incluem juízos que geram as diferenças, conceitos e opiniões do ego.

Lu Dong Bin meditou profundamente sobre essas palavras do mestre e tornou-se a partir de então um Desperto. Esse estado proporcionou-lhe uma estabilidade emocional nunca antes imaginada. Mais tarde, foi também feito um Dharmapala (guardião dos ensinamentos budistas).

Essa não era uma situação inusitada entre taoistas e budistas, que acorriam com certa frequência um ao outro em caso de necessidade no vasto cenário religioso da antiga China.

Foi assim que, segundo conta a lenda, Huanglong, o Mestre Zen, iluminou Lu Dong Bin, o qual até esse encontro ainda tinha um resquício de ego e uma ponta de egoísmo, não obstante ser ele um taoista transcendente. Lu Dong Bin[24] passou a alcançar

---

24. Na série de televisão "Aventuras de Jackie Chan", Lu Dong Bin é o Imortal que enfrentou Shendu, o demônio do fogo.

a imortalidade da iluminação e se tornou um dos Oito Imortais do taoismo, sendo considerado o mais selvagem e querido dentre todos e chamado de o Imortal da Compaixão, por ser este o elemento essencial de realização do Tao.

O caráter deste Imortal da Compaixão é demonstrado no provérbio chinês "As mordidas do cão Lu Dong Bin", o que significa a incapacidade de reconhecer a bondade e retribuí-la.

Alguns dizem que o provérbio se origina de uma história sobre a amizade entre Gou Miao e Lu Dong Bin, que tanto fizeram para o bem da humanidade, mas no início cada qual parecia fazer um desserviço, significando como é importante ter fé em seus amigos, apesar das aparências em contrário.

Zhang Guo Lao, o imortal

CONHECE-TE A TI MESMO

De acordo com os mitos taoistas, Zhang Guo Lao é um dos Oito Imortais mais antigos, que viveu durante o século VIII a.c., considerado a encarnação do caos primitivo que existia antes de a terra ser criada. Padroeiro dos casais, esse sábio imortal possui o dom de tornar-se invisível e de tornar férteis os casais estéreis.

É frequentemente retratado como uma espécie de mestre Shaolin: sobrancelhas, barba e bigode brancos e lisos. Vestia sempre uma túnica branca com mantos e sobremantos de vários tons marrons e tinha a cabeça coberta por um capuz bifurcado de duende.

Passava, esse sábio, seu tempo cavalgando pelo território chinês, perto do rio Fen, numa mula branca que tinha um coração desenhado na testa e era dotada do dom de transpor mais de mil *li* por dia sem um único minuto de descanso. Quando Zhang Guo Lao resolvia parar em uma pousada para passar a noite, ele dobrava o animal como se fosse de papel e o guardava no bolso. Quando resolvia partir, tudo o que tinha que fazer era espargir um pouco de água no bolso e a mula voltava à vida.

Certo dia, o Imperador Hsuan Tsung ficou intrigado com a origem desse imortal e perguntou a Fa-shan, um mestre taoista:

– Mestre, quem é Zhang Guo Lao?

O mestre tinha sido advertido de que, se desvendasse o segredo da verdadeira identidade do velho imortal, cairia morto na hora, por isso nada respondeu.

– Mestre Fa-shan, quem é Zhang Guo Lao? – tornou a perguntar taxativamente o imperador, indiferente ao silêncio obstinado do taoista. – Sei que você sabe a resposta.

– É verdade que sei a resposta, mas, se eu a der a Vossa Majestade, terei que cair morto a seus pés, por isso não me atrevo a falar uma palavra.

Mas tanto insistiu o imperador em saber que finalmente Fa-shan concordou em responder, mas acrescentou:

— Dir-lhe-ei, Majestade, mas somente com a condição de que me prometa ir de pés descalços e cabeça descoberta implorar ao imortal Zhang Guo Lao para perdoar-me por quebrar a promessa feita sobre sua origem e pedir-lhe que me ressuscite.

Hsuan Tsung prometeu, e Fa-shan desvendou o segredo:

— Zhang Guo Lao é, na realidade, um morcego branco espiritual oriundo do caos primordial — disse e caiu morto aos pés do imperador, conforme previra.

O imperador Hsuan Tsung se viu obrigado a ir, com a cabeça nua e os pés descalços, até Zhang Guo Lao, conforme havia prometido ao mestre taoista, e implorar o perdão do imortal.

Após ouvir as súplicas do soberano, Zhang Guo Lao foi até o mestre taoista Fa-shan, espargiu-lhe água no rosto e, após uns enigmáticos gestos com suas mãos de dedos longilíneos de mago, fez o mestre taoista reviver.

Zhang Guo Lao vivia sempre recluso como o ermitão que era e, por mais que os imperadores, neste tempo da Dinastia Tang, o convidassem a visitá-los no palácio, ele sempre se recusava terminantemente a aceitar.

Mas um dia foi gentilmente convidado pela imperatriz Wu e não soube como desobrigar-se de tal delicado convite. Assim, finalmente deixou seu eremitério e foi ter com a soberana.

Porém, ao chegar às portas do palácio imperial, caiu morto no chão antes de ultrapassar o umbral. Seu corpo se decompôs a olhos vistos e foi consumido pelos vermes, diante dos olhos esbugalhados da Sua Majestade Wu e toda a sua corte.

Mais tarde, no entanto, Zhang Guo Lao foi visto, vivo e saudável, cavalgando sua mula marrom de coração gravado na testa pelos montes de Heng Chou em P'ing-yang Fu.

Durante o período de 742-746 d.C., Zhang Guo Lao ficou gravemente doente e acabou morrendo nas Montanhas Chou Heng.

– Desta vez está morto mesmo – constatavam os seus discípulos, tomando-lhe o pulso e com o ouvido grudado no coração que não mais batia.

Quando, porém, mais tarde seus pupilos resolveram abrir o seu túmulo, encontraram-no vazio. Os Oito Imortais tinham muito senso de humor e se divertiam pregando peças nos mortais e se fazendo de mortos.

Li Tieguai, o mendigo com muleta de ferro

Li Tieguai, conhecido também como "Li e a Muleta de Ferro", é retratado como um mendigo apoiado em uma muleta e carregando no pescoço uma cabaça com medicamentos. É o padroeiro dos farmacêuticos e o primeiro dos lendários Oito Imortais do panteão taoista. Possui ainda o dom de diminuir de tamanho até ficar tão pequeno que caiba dentro de sua cabaça.

Segundo a tradição taoista, Li Tieguai foi o primeiro a tornar-se imortal, com a ajuda do célebre filósofo Lao-Tsé, que lhe ensinou os princípios do taoismo e os segredos da natureza. Suas aventuras são destaque em muitas histórias diferentes.

Li Tieguai tinha o poder de sair do seu corpo e passear pelo mundo em espírito e depois retornar ao corpo sem dano algum e quando bem lhe aprouvesse.

Tudo corria muito bem, nesse entra e sai da alma no corpo. Mas, em certo dia, a aventureira alma decidiu visitar um templo em uma longínqua montanha e tudo saiu às avessas. Antes de partir, o mestre Li chamou o mais leal e confiável de seus discípulos e pediu:

– Poderia dar uma olhada no meu corpo humano enquanto a minha alma vai dar uma volta? Caso eu não retorne em sete dias peço, por favor, que queime o meu corpo.

– Assim farei, bom mestre – respondeu-lhe o fiel discípulo, que pajeou fielmente e com toda a devoção o corpo sem alma de seu querido mestre.

Cumpria o pupilo fielmente sua missão quando, no sexto dia, vieram-lhe com a informação de que sua mãe estava morrendo e pedia sua presença com toda a urgência. Dividido entre dois poderosos deveres, ele optou por queimar o corpo do mestre um dia antes do combinado (mesmo porque pensou que ele não voltaria mais) e ir ter com sua mãe no leito de morte, ansioso por vê-la ainda com vida.

Quando a alma de Li Tieguai chegou da montanha sagrada no sétimo dia, não conseguiu encontrar mais o seu corpo. Saiu, assim, a vagar à procura de um corpo livre para habitar. O único que conseguiu encontrar foi o cadáver de um mendigo maltrapilho e aleijado que tinha morrido de fome.

– Veja que horror, Lao-Tsé! – disse a alma do mestre ao filósofo, apontando para o fétido e esfarrapado cadáver do mendigo. – Não quero para mim um corpo tão nojento e imperfeito.

– Melhor do que nenhum – respondeu-lhe serenamente Lao-Tsé.

O célebre filósofo taoista persuadiu-o a habitar o corpo molambento e, para encorajá-lo, presenteou-o com uma muleta de ferro para que se apoiasse e um prendedor cravejado em pedras preciosas.

– Assim torna-o mais digno e mais respeitável – disse Lao-Tsé amarrando ele mesmo o sujo e enredado cabelo do mendigo num formidável rabo à moda chinesa.

Como o que não tem remédio, remediado está, Li Tieguai entrou no corpo imundo, mas, quando falou, sua voz era ainda inconfundível e brotou de dentro dos andrajos límpida e clara.

– Vou saber o que houve com meu fiel discípulo que quebrou a promessa feita de cuidar do meu corpo – e foi capengueando em busca do discípulo.

Encontrou o pupilo de luto e mergulhado em tal sofrimento e dor pela perda da mãe que, ao saber o motivo da quebra do pacto, comiserou-se dele mais do que de si mesmo e utilizou seus dons medicinais da cabaça para trazer a mãe do jovem de volta à vida.

Há muitas histórias mitológicas que contam como Li Tieguai passou a vida manquejando pelo mundo afora em busca de pessoas para converter em seu discípulo taoista. Foi assim que encontrou Zhongli Quan e o ajudou a ser um dos Oito Imortais.

Certo dia, porém, Li Tieguai teve sua perna curada por Xi Wang Mu, a Rainha Mãe do Oeste, e passou a andar normalmente. Mas é retratado sempre com sua bengala de ferro, pois passou

151

o maior tempo de sua vida utilizando-se dela. Algumas versões mostram o sábio mestre caminhando através de uma fornalha acesa ou sobre a água.

Zhongli Quan, o mensageiro do céu

Zhongli Quan é um dos lendários sábios imortais que viveu como humano durante a dinastia Zhou, em torno de 1122 a.c. Vivia ele sua tranquila vida no campo como filósofo, juntamente com sua bela esposa, quando, certo dia, deparou-se com uma mulher sentada em um túmulo, abanando com seu leque a terra recém-amontoada.

– Que atitude estranha a sua, minha senhora – disse-lhe Quan, intrigado. – Posso saber o motivo?

– Acontece que, pouco antes de meu marido morrer – esclareceu ela –, ele me fez prometer que eu só me casaria novamente após a terra de seu túmulo estar seca. Tenho um novo amor agora e, por essa razão, estou tentando secar o túmulo o mais rapidamente, abanando-o com meu leque.

– Posso ajudá-la? – ofereceu-se ele, solícito, sem o menor tom de censura na voz.

– Teria poder de fazer isso? – perguntou ela, movendo com lentidão as longas e negras pestanas.

– Com a ajuda dos espíritos eu o farei, minha senhora – e, invocando os seres sobrenaturais, imediatamente tornou o solo seco.

A viúva ficou tão feliz com a rapidez do resultado que agradeceu numa reverência e foi-se embora com mais presteza do que o vento dos espíritos ao secarem a terra.

Zhongli Quan deu uma longa olhada para o recente túmulo, pensando o que não teria feito em vida aquele sinistro marido para ser tão bem esquecido. Retornou para casa absortamente e contou para a mulher tudo o que havia acontecido.

– Esta viúva é um monstro por querer casar-se com tal pressa. Não deixou nem o cadáver esfriar e nem a terra assentar sobre a cova. É uma traidora vil, eis o que é. Foi um erro tê-la ajudado – repreendeu-lhe a esposa, com frêmitos de indignação.

153

– Tenho sorte em ter uma mulher justa e fiel como você – ele disse, afagando o seu longo e sedoso cabelo negro.
– Em mim você pode confiar – ela respondeu com candura.
– Meu luto seria maior do que os anos de vida que me restariam em tal desgraça – e beijou-o apaixonadamente.

Essas palavras trouxeram a desconfiança em Zhongli, que ficou com uma pulga atrás da orelha e passou a pensar tanto sobre o assunto até que virou uma obsessão.

Decidiu então testar a lealdade de sua esposa. Utilizou-se de magia e se fez de morto. Depois dos rituais de sepultamento, fez outra magia, transformou-se em um jovem bonito e atraente e foi tratar de conquistar a própria viúva.

Após uma boa e bem feita corte, de quem já sabia com quem lidava e conhecia-lhe os gostos e costumes, não foi muito difícil para ele conquistar o coração da ex-mulher. Pediu-a galantemente em casamento, e ela aceitou sem vacilos.

"Maldita traidora! Sabia que iria me trair!", pensou o disfarçado Zhongli Quan, com ciúmes de si mesmo. E isso lhe envenenou a alma de tal forma que ele prosseguiu em seus testes masoquistas:

– Roube o cérebro de seu marido morto, a fim de que eu possa fazer uma poderosa poção – exigiu o recém-casado entre beijos doces e calorosos e com o coração mergulhado no mais amargo ciúme e despeito.

– Mas ele é meu marido... – disse ela, vacilante.

– Era. O casamento é até que a morte os separe. Agora, ele é apenas um monte de ossos inútil. Podemos lhe dar utilidade – desfechou com paixão e ódio, após uma estonteante noite de amor.

Para essa mulher, perdida de amor, fazia sentido tudo o que ele dizia. Assim, foi com a cabeça nas nuvens que, no dia seguinte, ela abriu o caixão pronta a se apoderar do cérebro do marido morto, antes que apodrecesse.

Mas qual não foi o seu susto quando se deparou com Zhongli Quan lá dentro, vivo, em carne e ódio.

Ficou tão envergonhada e arrependida a suposta viúva que se matou na hora.

Com o coração partido de dor e arrependimento, Zhongli Quan pensou, quase arrancando os cabelos: "Melhor faria se a tivesse conquistado ao invés de perder tempo testando-a".

Fora de si, foi até a casa onde moravam os dois e ateou fogo. Quando as paredes desabaram em chamas, ele encontrou, em meio aos destroços, um livro com o segredo da imortalidade.

Tomando para si somente o livro sagrado e seu leque, ele saiu a vagar sem rumo pelo mundo afora.

Foi assim que Zhongli Quan se tornou um dos Oito Imortais e é considerado na China como a encarnação do caos. Foi discípulo de Li Tieguai, o primeiro dos Oito Imortais, e aprendeu os princípios do taoismo de forma curiosa. Após uma crise de esgotamento em estado de reclusão, ele percebeu uma pequena diferença na composição da parede e descobriu ali uma passagem secreta. Abriu-a e lá estavam as instruções de como obter a imortalidade. Seguindo-as, Zhongli Quan adquiriu a vida eterna e o poder de voar até as nuvens.

Esse imortal é geralmente representado como um homem gordo, barbudo e careca, vestindo uma túnica entreaberta que deixa à mostra sua barriga nua. Está sempre segurando um leque mágico feito de folhas de palmeira, cujo dom é trazer as almas dos mortos de volta à vida.

Lan Caihe, o dúbio imortal

O PROTETOR DOS POBRES

O grupo dos Oito Imortais é famoso por defender e ensinar a filosofia taoista e práticas de cultivo. São também populares personagens de mitos e lendas, devido a sua dedicação aos mais necessitados e suas vidas de "livres errantes". Mas, apesar de eles serem geralmente descritos coletivamente, cada um tem seu próprio estilo e possui histórias e lendas próprias.

Lan Caihe é, dentre os oito, o mais misterioso e o menos definido, uma vez que idade e sexo são ambíguos nesse personagem, representado sempre com roupas e modos sexualmente confusos.

Às vezes é retratado como uma jovem de vestes leves, coloridas e esvoaçantes, com um largo cinto e com um pé calçado e outro não. Outras vezes, aparece como um velho metido em pesadas roupas de inverno, que toca flauta pelos caminhos por onde anda, acompanhado por um cervo, e dorme sobre a neve aquecido pelo vapor quente que exala de seu corpo imortal. Essa ambiguidade de idade e gênero simboliza os taoistas xamânicos, cuja teoria é inversa à prática.

O comportamento de Lan é também bizarro e excêntrico. Algumas versões se referem a ele como o imortal patrono dos trovadores; em outras, porém, Lan é uma cantora cujas letras das canções preveem com precisão acontecimentos futuros.

É o padroeiro das floristas, e seu emblema distintivo é uma cesta que carrega, abarrotada de ervas, flores e frutos, associados com as artes taoistas de longevidade, como fungo, crisântemo, ramos de pinheiro e de bambu.

Antes de ser um imortal, Lan Caihe era uma jovem comum, filha de um herbalista. Certa vez, quando estava recolhendo ervas medicinais na sua cesta, encontrou um mendigo doente e faminto. Tomada pela compaixão, tratou-lhe as feridas com ervas medicinais, alimentou-o e cuidou dele até que ficasse totalmente curado.

Em troca de sua generosidade e desprendimento, o pedinte, que era na verdade o imortal Li Tieguai disfarçado de humano, deu-lhe o dom da imortalidade.

Assim, Lan passou a vagar pelo mundo, cantando músicas e entoando poemas que glorificavam as virtudes eternas do taoismo, desdenhando os prazeres fugazes e ilusões da vida terrena.

Certo dia, quando Lan Caihe estava bebendo em uma taverna – pois como os demais imortais do grupo era ela, ou ele, também um bêbado inveterado –, tirou seu cinto de madeira, despiu suas vestes, descalçou o único pé calçado e, montando num pássaro grou, ascendeu aos céus, diante de todos os demais da taverna. A partir deste dia, Lan passou a habitar entre os deuses celestes e nunca mais foi visto (ou vista) sobre a face da Terra.

O IMORTAL HAN XIANG ZI,
O TOCADOR DE FLAUTA

Também chamado de Filósofo Han Xiang, esse membro do grupo dos Oito Imortais taoistas viveu em 618-906 d.C. Era sobrinho de Han Yu, um dos maiores filósofos, poetas, ensaístas e eruditos da China nas Dinastias Tang e Song. Discípulo do célebre Lu Dong Bin, Han Xiang aprendeu os clássicos taoistas e possuía também, como o seu tio, grande talento para a poesia.

A história de como Han Xiang Zi tornou-se Imortal é mais divertida do que a dos demais membros do grupo. Era ele o discípulo favorito do mestre Lu Dong Bin, que o admirava tanto que chegou a levá-lo para conhecer o jardim do palácio da feiticeira Xi Wang Mu, onde floresciam os pêssegos da imortalidade a cada 3 mil anos.

– Veja a árvore eterna, meu pupilo. Suba nela e apanhe um fruto da imortalidade com suas próprias mãos – incentivou-lhe o mestre, apontando o altíssimo pessegueiro.

Fascinado com tudo o que via, o discípulo fez o que mandou o mestre. Subiu na antiquíssima árvore e apanhou um pêssego mágico. Mas pisou em falso e despencou lá do alto. Na hora exata em que estava caindo, porém, deu uma mordida no fruto que tinha à mão e alcançou a imortalidade segundos antes de se espatifar no chão.

Quando jovem, Han Xiang Zi já tinha grande desapego das coisas mundanas. Enquanto a maioria dos jovens da sua idade ocupava-se estudando para o exame imperial, Han Xiang passeava pelas montanhas e florestas tocando flauta e recitando poesias. Tocava tão maravilhosamente bem que todos os animais se aproximavam para ouvi-lo, sendo por isso chamado de patrono dos músicos e protetor dos flautistas.

Por mais influente que o tio fosse na corte, Han Xiang Zi não tinha quaisquer intenções de entrar para o governo, como

era o desejo de Han Yu. Um dia, o tio chamou Han Xiang e disse-lhe:
— É seu dever usar os seus dotes para servir ao Imperador. Devia deixar de andar por aí à toa e começar a se preparar para os exames imperiais.
— Nós dois seguimos caminhos diferentes, meu tio – respondeu Han Xiang. – Você está destinado a ser célebre no mundo dos mortais e eu, a fugir à poeira do mundo.
Fez um gesto de mão e logo surgiu um cantil de vinho e duas taças.
— Vamos beber juntos, pois este é o meu último dia na capital – disse Han Xiang, enigmaticamente. – Cuide-se, meu tio, com aqueles que estão no poder. Na próxima vez que nos encontrarmos na fronteira, a noite estará fria, a neve caindo, e você estará menos seguro a respeito das glórias do império e dos seus valores no mundo.
No momento, Han Yu não entendeu as enigmáticas palavras do sobrinho. Mas, alguns dias depois, quando o sobrinho viajou, ele foi preso por criticar a decisão do imperador de conservar as relíquias budistas da capital. Apesar do apoio de vários ministros influentes, Han Yu foi demitido pelo imperador. O mais conhecido e conceituado erudito da academia imperial se viu, assim, obrigado a servir como funcionário numa cidadezinha da fronteira.
Abatido e humilhado, Han Yu dirigiu-se até o lugar para onde fora designado. No caminho, ele estava atravessando uma tempestade de neve, e a noite chegou. Era um lugar desconhecido, e ele não encontrou um único lugar para se abrigar. Já estava começando a ficar apreensivo quando viu alguém caminhando na sua direção. Para sua surpresa, era o seu sobrinho, Han Xiang.
— Fique tranquilo, meu tio, que a tempestade já vai passar. Venha comigo que sei onde há uma pousada para passarmos a noite.
Ele levou o tio para uma estalagem, pediu um pouco de vinho e, com isto, falaram ao longo da noite.

– Eu devia ter seguido os seus conselhos e não ter criticado as ações do imperador – disse Han Yu, cabisbaixo. – Mas o que aconteceu não pode ser desfeito.

– Dia chegará em que será outra vez bem recebido na capital.

Na manhã seguinte, quando Han Yu estava pronto para partir, ele perguntou ao sobrinho:

– Iremos nos encontrar de novo?

– Talvez – respondeu Han Xiang.

Han Yu passou alguns anos trabalhando na fronteira. Mais tarde, como Han Xiang tinha previsto, um mensageiro imperial foi até ele e o convidou a regressar à capital, dizendo:

– As acusações sobre sua pessoa foram retiradas, e o imperador pede que volte e será promovido.

Han Yu regressou à capital para servir ao imperador e veio a ser mais tarde um famoso estadista de sua época.

Certa vez, num banquete, Han Xiang tentou convencer o tio a estudar magia com ele e a cultivar o Tao. Mas Han Yu foi inflexível, dizendo que Han Xiang deveria dedicar sua vida ao confucionismo.

Mas o sobrinho respondeu-lhe com estas poéticas palavras:

– Eu habito uma caverna cercada de névoa e verdes picos e bebo o orvalho da meia-noite, que brilha na terra como pedras preciosas. Faço o meu alimento com as nuvens rubras, que pintam o amanhecer. Toco a Melodia do Jade Verde com meu alaúde de sete cordas. Derreto, em alambiques, o fino pó de pérolas; dentro do meu Precioso Caldeirão, o Tigre Dourado habita. Cultivo o Fungo Mágico para alimentar os Corvos de Neve; com meus poderes mágicos, minha cabaça está sempre cheia. Caço demônios com minha lâmina mágica de três pés. O vinho enche a taça vazia quando pronuncio palavras mágicas, e as flores brotam e florescem num piscar de olhos. Mostra-me qual o homem que faz estas coisas que falei, eu lhe contarei a ele com prazer sobre os Imortais que jamais envelhecem.

Após ouvir estas melodiosas palavras, o seu tio disse:

– Desafio-o a comprovar suas palavras e demonstrar os seus poderes taoistas que tão eloquentemente prega – e, dizendo isso, lhe entregou uma cabaça vazia.

O Imortal tomou-a nas mãos e, virando-a, fez jorrar dela um precioso vinho.

Foi assim, com a ajuda do mestre Lu Dong Bin, que Han Xiang atingiu a imortalidade e fez parte do grupo dos Oito Imortais.

HE XIANGU, A IMORTAL PROTETORA DAS DONZELAS

He Xiangu, a flor imortal, é a única divindade feminina entre os oito lendários taoistas que desempenham um papel importante na religião e cultura da China. Como os demais Oito Imortais, ela possui poderes sobrenaturais, e é conhecida como a padroeira e protetora das donzelas.

É retratada sempre como uma mulher bela e recatada tocando *sheng* (órgão de cana chinês), carregando um pêssego da imortalidade ou uma flor de lótus. Veste túnicas vermelhas, leves e esvoaçantes e está sempre em pé sobre uma pétala flutuante de lótus. É facilmente reconhecida, nas ilustrações, como único membro feminino dos Oito Imortais, com exceção do Lan Caihe, que é andrógino.

No relato mais popular, He Xiangu é caracterizada, na dinastia Tang (618-907 d.C.), como uma camponesa. Quando tinha cerca de quinze anos, um imortal apareceu-lhe em sonho e a instruiu a comer pó de pedra das margens de um rio de uma montanha longínqua.

– Isso fará seu corpo ficar leve como uma pluma e a tornará imortal – disse-lhe o sábio taoista.

Ao acordar, ela ficou tão comovida com essa visão que resolveu seguir imediatamente e ao pé da letra todas as instruções do imortal. Assim, saiu em busca do córrego da montanha.

Depois de uma longa e árdua caminhada, ela o encontrou, ingeriu o pó da pedra e, como prometido no sonho pelo sábio imortal, sentiu-se subitamente leve como o ar e capaz de atravessar grandes distâncias. Seu corpo se tornara etéreo e imune à morte. Era capaz de voar até mesmo sobre os altíssimos picos das montanhas onde floresciam os pêssegos da imortalidade.

Agradecida aos deuses, prometeu, em troca, manter-se virgem como um meio de se dedicar totalmente à missão de espalhar o taoismo pela China.

Continuou vivendo sua vida normal, como uma filha dedicada, e usou seus poderes como um meio de sustentar seus velhos pais, voando de montanha para montanha e recolhendo as melhores frutas, ervas e minerais para eles. Seguia por campos, vales e montanhas. Voava e peregrinava, mas ao mesmo tempo comia menos e sentia menos fome.

Mais tarde, depois que seus pais morreram, ela sentiu que o último alicerce que a prendia ao mundo material desabava, e ela gradualmente deixou de comer toda a comida mortal.

Chegaram aos ouvidos da Imperatriz Wu os feitos dessa mulher imortal, e ela desejou para si os segredos da imortalidade como um meio de consolidar o seu poder.

Enviou, assim, um mensageiro para trazer He Xiangu até o palácio real. Percebendo as verdadeiras intenções da soberana, a imortal escolheu por afastar-se do mundo e, para a perplexidade dos mensageiros reais, ascendeu ao céu, diante deles e em plena luz do dia.

*   *   *

Em outra versão, He Xiangu é descrita como uma espécie de Cinderela chinesa. É uma bela e pobre jovem que se vê forçada a trabalhar sem descanso para uma velha megera. Como uma esponja, a velhota absorvia toda a maldade humana para si, sempre compartilhando de trapaças, perfídias e mesquinhez.

Um dia a velha foi fazer compras no mercado e, mal ela deu as costas, apareceu na casa um grupo de mendigos famintos, implorando por um pouco de comida. Embora soubesse que a velha ficaria possessa, a jovem não se conteve e não apenas deu-lhes arroz e macarrão como ainda se ofereceu para cozinhá-los. Após se deliciarem com a comida recém-feita, os mendigos agradeceram em longas e profundas reverências e prosseguiram seu caminho.

Foi quando então a patroa retornou para casa. Chegou batendo guizo como cobra envenenada e foi correndo para a despensa conferir se não faltava nada.

Quando percebeu que o conteúdo de sua despensa havia baixado gritou, descontrolada:

– Devolva-me imediatamente tudo o que me roubou, sua ladra maldita – e se pôs a espancar a garota.

– Dei a comida para uns mendigos famintos que passaram por aqui – explicou He Xiangu.

Ouvindo isso, a velha ficou ainda mais enlouquecida e vociferou, espumando como um cão raivoso:

– Traga até mim os miseráveis antes que eu mate você a pancadas! – gritou a velha.

A jovem saiu correndo estrada afora no encalço dos mendigos. Assim que os viu, suplicou-lhes que voltassem com ela para confirmar o que tinha realmente acontecido.

Quando ela voltou com os mendigos, a megera atacou a todos com tal furor que eles só souberam se defender colocando as mãos espalmadas na frente de si.

– Enfiem os dedos na goela e vomitem tudo o que comeram de meu – vociferou, abaixo de pancadarias e gritaria infernal.

Forçados, os infelizes enfiaram o dedo na goela e vomitaram o macarrão e o arroz numa gosma coletiva e nojenta.

– Agora, você coma o que eles vomitaram para aprender a não esmolar com o alheio – ordenou a velha implacavelmente, pegando a serva pelos cabelos e aproximando sua cara dos vômitos. – Junte tudo com as mãos e engula.

A jovem encheu a mão de vômito e ia engolir o repugnante bocado quando, de repente, começou a se sentir leve como uma pluma e flutuou no ar, deixando a velha perversa lá embaixo.

Quando a megera a viu escapar por entre os dedos, virou-se em fúria para atacar os mendigos, mas eles também flutuavam e voavam, sumindo nos ares dos céus.

Eram eles os sábios imortais que haviam descido à Terra para testar o caráter da jovem, e ela havia provado ser digna de receber o dom da imortalidade.

– Você sofreu sem se queixar e deu aos pobres, sem pensar em si mesma – disseram os sábios lá nas nuvens, juntando-a agora para fazer parte dos Oito Imortais para toda a eternidade.

Essas duas versões da história de como He Xiangu conquistou a imortalidade variam tanto em estilo quanto em conteúdo. Mas também contêm alguns pontos em comum. Ambas a descrevem como um exemplo de moral a quem é dada a imortalidade como uma recompensa por seu comportamento generoso e desprendido (embora os padrões morais variem de acordo com a prevalência dada ao confucionista contra preceitos taoistas).

A feminilidade de He Xiangu é realçada pela ênfase a sua beleza e através do voto de castidade, como também por meio de seu bom comportamento como filha exemplar, trazendo à tona qualidades provavelmente ausentes nos personagens femininos do panteão taoista.

Desse modo, sendo a única mulher entre os Oito Imortais, não é de se estranhar que He Xiangu seja representada como padroeira das mulheres, sobretudo daquelas que procuram seguir o caminho religioso, embora essas escolhas sejam limitadas na história da China.

CAO GUOJIU, O IMORTAL DO TAOISMO

PATRONO DOS NOBRES

Cao Guojiu aprendeu sobre os limites dos poderes da nobreza e se tornou assim seu protetor. A maioria das lendas sobre ele conta que era irmão da imperatriz Cao, da dinastia Song, que viveu no século XI. Antes de ser um imortal, Cao Guojiu era um nobre que passava sua vida lutando contra a corrupção e tirania da vida imperial.

Certo dia, porém, seu irmão cometeu um assassinato e, como se não bastasse, tentou vilmente seduzir a esposa da vítima. Decepcionado com a humanidade, Cao Guojiu decidiu renunciar à vida da corte e habitar nas montanhas. Saiu, assim, à procura de um monge que lhe ensinasse taoismo.

Quando foi atravessar um rio, viu-se barrado pelo barqueiro que lhe disse:

– Se não tem como pagar, não pode fazer a travessia.

– Minha alta posição me confere o direito a um tratamento especial – respondeu com aspereza Cao Guojiu. – Vá remando de bico calado.

– Não atravesso o rio a quem não tem como pagar – insistiu o barqueiro.

Ante a segunda recusa, Cao Guojiu irritou-se e jogou na cara do barqueiro um medalhão dourado, ordenando rudemente:

– Reme e leve-me para o outro lado imediatamente.

– Não está se portando como um nobre, meu senhor – respondeu-lhe serenamente o homem, sem se intimidar.

– Desculpe a grosseria – respondeu Cao Guojiu, envergonhado, e jogou no rio o medalhão, símbolo de sua posição.

O barqueiro era Lu Dong Bin, um dos Oito Imortais, e o levou consigo como seu discípulo e ajudou-o a obter a imortalidade.

Cao Guojiu é representado com vestes oficiais. Em suas estátuas, ele usa uma capa de tribunal trabalhada e possui uma barra de ouro ou um par de sinos de bronze ladeado com barras de latão ao modo do que era usado nas cerimônias do templo. A nobreza e os artistas teatrais consideram Cao Guojiu seu patrono.

A TRAVESSIA NO MAR

Os Oito Imortais são célebres heróis taoistas que representam os oito diferentes aspectos da vida: juventude, velhice, pobreza, fortuna, nobreza, cordialidade, feminilidade e masculinidade. Foram descritos pela primeira vez na Dinastia Yuan e nomeados os Oito Estudiosos Imortais do Han, conhecidos também como os Oito Imortais de Huainan. Houve um tempo em que eles foram chamados de Oito Espíritos. O poder de cada um deles pode ser transferido para um artefato, que adquire a capacidade de dar vida ou destruir o mal. Quando unidos, os oito objetos são chamados de "Proteção dos Oito Imortais".

Entre as inúmeras histórias populares criadas sobre eles, na cultura chinesa, há uma que é narrada na "Viagem para o Oriente", por Wu Yuantai. Esta é sobre estas entidades transferindo suas magias para um objeto e unindo seus poderes numa batalha.

Segundo Yuantai, depois de assistir a uma festa dada pela Rainha Mãe do Oeste com os pêssegos da imortalidade, encontraram-se os Oito Sábios Imortais no Mar do Leste e, como pretendiam atravessar as águas em direção à ilha onde habitavam, Lu Dong Bin, um deles, disse:

– Sempre atravessamos o mar do mesmo jeito, ou voando ou montados sobre uma nuvem. Desta vez vamos inovar, e cada um de nós se utilizará de um objeto mágico para cruzarmos o oceano.

– Eis aí uma boa ideia! – concordou um, e todos assentiram com a cabeça.

Lu Dong Bin adiantou-se aos demais e tomando de sua espada a jogou nas águas, transformando-a num barco. Assim fez Tieguai Li com seu cajado; Han Xiang Zi, com sua cesta; He Xiangu com sua Lotus; Lan Caihe com sua placa de jade; Cao Guojiu com seus comprimidos imperiais; Zhongli Quanj com uma folha de planta; e Zhang Guo Lao com seu burro mágico.

Todos conseguiram, enfim, o seu meio de navegar até o outro lado.

Estavam, assim, atravessando as águas tranquilamente quando o Príncipe Dragão, que vivia abaixo do mar, olhou para cima e viu os oito passando sobre sua cabeça. Encantou-se com os objetos mágicos que passavam e, principalmente, chamou a sua atenção a placa de jade de Lan Caihe.

– Isso eu não tenho e quero para mim – disse o dragão e, ato contínuo, espichou a garra e trouxe para baixo o barco mágico juntamente com o imortal que estava sobre ele.

Lu Dong Bin, quando viu seu colega Lan Caihe sendo tragado pelas águas, mergulhou no seu encalço. Logo o viu sendo arrastado ao Palácio do Dragão, onde foi feito prisioneiro.

O imortal lutou ferozmente com o sequestrador para recapturar Lan Caihe e seu objeto mágico, mas não conseguiu.

Retornou, então, em busca de reforço dos demais imortais. Todos desceram e lutaram com os filhos do dragão e seu exército. Recapturaram o prisioneiro e estavam vencendo a batalha, mas foram obrigados a recuar quando vieram reforços do sul para o Rei Dragão.

Diante dos numerosos exércitos inimigos, os Oito Imortais, que já estavam outra vez reunidos, juntaram suas forças e jogaram uma montanha no mar, soterrando o palácio do Rei Dragão com os seus exércitos e tudo o mais.

Essa história se utiliza da metáfora para mostrar que podemos realizar as coisas que desejamos de diversas formas e ainda que a união fortifica aqueles que lutam pelo mesmo ideal.

PARTE IV
Aventuras de Sun Wukong, o Rei Macaco

Infame e irreprimível
Travesso e sábio

*A incrível narrativa de frívola profundidade para o
entretenimento profano dos iluminados
(Eis um paradoxo)*

Nascimento do macaco

A raiz divina concebia, e a primavera despontava à medida que a natureza do coração era cultivada. O Grande Caminho surgia. Antes do Caos ser dividido, Céu e Terra eram um. Tudo era um borrão disforme, e nenhum homem havia aparecido. Uma vez que Pangu destruíra o Enorme Vazio, a separação do claro e escuro começara.

Antes dos tempos primevos reinava o caos absoluto. Incontáveis Eras se passaram antes de o deus Macaco vir ao mundo. O céu buscou ordem, mas a fênix só podia voar quando as suas asas estivessem crescidas. Isso era o primeiro ciclo: aguardar o crescimento da fênix.

Começa agora o segundo ciclo de doze fases do Universo. O céu foi criado na fase I. A terra, na fase II, e, na fase III, os homens, os pássaros e as bestas.

Extasiados pela criação de Pangu, o primeiro criador, os Três Augustos puseram o mundo em ordem, e os Cinco Imperadores estabeleceram o código moral.

O mundo foi, então, dividido em quatro grandes continentes: o Oriente de Corpo Superior, o Ocidente com Dádiva de Gado, o Sul de Jambu e o Norte de Kuru.

A história que passaremos a contar agora se passa no Continente Oriente de Corpo Superior.

Além dos mares, há um país chamado Aolai, que fica próximo a um oceano e, no meio dele, está uma encantadora ilha chamada Montanha das Flores e Frutas, criada no início dos tempos.

No topo dessa montanha, uma pedra mágica recebia as verdade do Céu, a beleza da Terra, a essência do Sol e o esplendor da Lua, desde os tempos de Pangu.

Tantos foram os milhões de anos em que essa pedra absorvia os poderes milagrosos que criou um útero mágico.

Um dia, não mais que de repente, ela abriu-se dando origem a um ovo pétreo do tamanho de uma bola, que recebeu o nome de Pensamento e foi considerado o ponto de partida para outras criações.

Gautama Buda disse que "somos o que pensamos. Tudo o que somos surge com nossos pensamentos. Com nosso pensamento criamos o mundo".

Soprou o vento sobre esse ovo, e ele virou um macaco completo, de pedra, com quatro membros e cinco sentidos, um ser extremamente animado e egoísta, cheio de bom humor e ímpetos de travessuras, de natureza irreprimível.

Assim que seus olhos se abriram, dois raios de luz dourada foram atirados ao Palácio da Estrela do Polo, assustando o Supremo Sábio do Céu, o Imperador de Jade, que estava sentado no seu trono dentro do Salão da Névoa Sagrada no Palácio de Portões Dourados da Nuvem, cercado por seus ministros imortais.

Quando viu a deslumbrante luz dourada, este ordenou ao Olho de Mil Milhas e ao Ouvido Que Acompanha O Vento que abrissem o Portão Sul do Céu para darem uma olhada e ouvir o que acontecia.

Logo voltaram com a louca história:

– A culpa é dos olhos de um macaco de pedra que nasceu de modo estranho.

Enquanto isso, o bebê aprendia a comer e beber. Sua luz diminuía, e o imperador desdenhou da importância do macaco.

Quando aprendeu a engatinhar e caminhar, curvou-se a cada um dos quatro pontos cardeais, à espera de aplausos.

Na sua montanha logo conseguia correr e pular, comer, beber, colher flores e apreciar a natureza e procurar frutos. Adorava brigar. Ficou amigo dos lobos e partilhava de brincadeiras com tigres, leopardos, cervos, macacos e micos.

À noite dormia debaixo das protuberâncias das rochas e, de dia, vagava ao redor dos picos e cavernas. Mas às vezes balançava-se nos galhos como quem não quer nada da vida. Para cá, para lá... tanto se lhe dava. Mas nesse embalar havia um plano. Para baixo, para cima... para cá, para lá... às vezes girava e voltava. Sempre subindo e descendo...

Em manhãs de muito sol, ele e todos os outros macacos brincavam na sombra de pinheiros, atirando bolotas uns nos outros, jogando o jogo da bugalha e correndo ao redor de buracos de areia, construindo pagodes[25] de pedra, perseguindo libélulas e capturando gafanhotos.

Adoravam o céu e visitavam Bodhisattvas.[26] Não havia medidas para suas trapaças e pilhérias. Arrancavam trepadeiras, teciam chapéus de palha, pegavam pulgas e as estouravam com os dentes e os dedos, arrumavam suas peles e afiavam as unhas. Batiam, arranhavam, empurravam, esmagavam, rasgavam e puxavam. Brincavam, enfim, em todos os lugares debaixo dos pinheiros e, depois de esgotada toda essa energia, tomavam banho ao lado da verde corrente de água.

Veio à cabeça do macaco o questionamento:

– Eu me pergunto de onde a água vem. Nós não temos mais nada para fazer hoje, portanto não seria divertido ir corrente acima e encontrar a sua fonte?

Todos concordaram e saíram se divertindo corrente acima. Depararam-se com uma caverna tapada por uma cascata. Entreolharam-se felizes e um sugeriu:

– Se alguém for esperto o suficiente para ir através da cascata, encontrar a fonte e voltar inteiro, será nosso rei.

Quando o desafio havia sido repetido três vezes, o macaco de pedra pulou para cima dos outros e gritou a plenos pulmões, apontando-se:

– Eu aqui! Eu vou!

Sua coragem fazia antever um destino triunfante, e começava ali o seu reinado. Fechou os olhos, agachou-se e pulou em frente à cascata, de peito aberto, pronto a aventurar-se no desconhecido. Nem cogitavam os demais o que lhe ia na alma, o destemor

---

25. Torres-templos geralmente budistas.
26. Iluminados.

que o movia até ali, o encantamento que o trouxera como a um prisioneiro laçado e arrastado. Mas nada vinha por acaso. Dentro da caverna, abriu os olhos e se deparou com uma ponte de ferro tão grande quanto o mundo.

Lá no fundo, conseguiu divisar uma enorme casa convidativa. Transpôs a ponte e viu flores por todos lados, traços de fogo ao lado do fogão, milhares de cadeiras e camas de pedra, pratos e tigelas, um ou dois bambus altos, três ou quatro ramos de flores de ameixa, alguns pinheiros que sempre atraem a chuva. Tudo como um verdadeiro lar.

Em um pilar de pedra no meio da casa da caverna havia uma inscrição:

NA FELIZ TERRA DA MONTANHA DE FLORES E FRUTAS, ESTA GRUTA DA CORTINA DE ÁGUA LEVA AO CÉU.

O macaco saltitava de felicidade e quis compartilhar com os outros. Voltou e convenceu-os a entrarem, contando o que havia visto. Os corajosos seguiram-no sem hesitar, os mais tímidos vieram atrás dele. Ele seguia na frente, pensando: "O soberano aqui sou eu".

Transpuseram a ponte e entraram na casa numa bagunça generalizada. Moveram tudo de seus lugares. Brigavam pelas melhores camas e pelos melhores pratos. Irrequietos por natureza, macaqueavam felizes ao ouvir o comando do líder de pedra sentando no assento principal que os liberava com estas palavras:

– Quebrem o que quiserem, menos suas promessas e palavras. Aqueles que quebram suas palavras não têm valor algum. Há pouco disseram que aquele que fosse esperto o suficiente para vir aqui e sair inteiro, vocês o tornariam seu rei. Pois bem. Entrei e saí, saí e entrei. Encontrei para vocês um refúgio na caverna onde vocês podem dormir em paz e se assentarem para viverem em pura felicidade. No entanto, ainda não estou sendo reverenciado como um rei.

Ao ouvirem isso, todos, um por um, agacharam-se e se prostraram diante dele, não ousando desobedecer. Formaram uma fila dos mais velhos aos mais novos e prestaram-lhe homenagem como em uma corte, todos o aclamando como o "Grande Rei do Milênio".

O macaco de pedra então tomou o trono para si e exerceu o seu poder com o primeiro enunciado metafórico:

– De agora em diante, a palavra "pedra" estará banida e proibida entre os macacos. Chamem-me de "Macaco Rei Bonitão". Há um poema que diz que todas as coisas nascem dos três positivos. A pedra mágica foi rápida com a essência do sol e da lua. Um ovo foi transformado em um macaco para completar o Grande Caminho. A ele foi emprestado um nome para que o elixir fosse completo. Olhando para dentro, ele não percebe nada porque não tem forma. Fora, ele usa sua inteligência para criar coisas visíveis. Os homens sempre foram assim: aqueles que são chamados reis e sábios fazem exatamente como quiserem.

Ele falava e suas ideias brotavam em borbotões. Mas ninguém entendeu nada, exceto que deveriam obedecer sempre, a começar por não chamá-lo mais de "Pedra", e sim de "Macaco Rei Bonitão".

Este incorporou a si a posição de rei e dividiu os governados em exércitos, em governantes, súditos, assistentes e oficiais. Não se descuidou de nada. Próximo de resolver tudo.

Daquele dia em diante, com a anuência do rei, os macacos brincavam de dia e dormiam na caverna à noite.

Macaco busca imortalidade

A espontaneidade e o alto astral do Macaco Rei Bonitão não poderiam, é claro, durar por três ou quatro centenas de anos. Um dia, de repente, sentiu-se incomumente deprimido durante um banquete com sua hoste de macacos e começou a chorar. Os macacos, assustados, juntaram-se ao redor, curvaram-se a ele e perguntaram:

– Qual é o problema, Majestade? Nunca o vimos tão abatido.

– Embora eu esteja feliz agora – o Rei Macaco respondeu –, estou preocupado com o futuro.

Os outros macacos riram e disseram:

– Majestade, está sendo ganancioso. Temos celebrado festas todos os dias. Vivemos em um paraíso na montanha, em uma antiga caverna, num continente divino. Somos poupados do governo dos unicórnios, da dominação da fênix e das restrições de reis humanos. Somos livres para fazermos o que desejamos. Temos uma tremenda sorte. Por que tornar-se miserável preocupando-se com o futuro?

E o Rei Macaco respondeu:

– Sim, nós não temos de nos submeter às leis e regulamentos de reis humanos e nós não vivemos no terror do poder de pássaros e animais. Mas virá o tempo em que estaremos velhos e fracos, sujeitos ao controle do Rei do Inferno, pois não somos imortais como os abençoados, e nossas vidas terão sido em vão.

O Macaco Rei Bonitão temia a morte. Todos os macacos cobriram seus rostos e choraram enquanto cada um deles pensava sobre aquela que tardava, mas até então não havia falhado. De repente, um gibão saltou de suas fileiras e gritou com voz penetrante:

– Se Vossa Majestade está pensando tão à frente, este é o começo da iluminação. Há Três Criaturas que não estão sob a jurisdição do Rei do Inferno.

– Você sabe quais são? – perguntou o Rei Macaco.
– Sim – respondeu um deles. – Eles são os Budas, os Imortais e os Sábios. Eles estão livres da Roda da Reencarnação. Não nascem e não morrem. São tão eternos quanto o Céu e a Terra, como as montanhas e os rios.
– Onde eles vivem? – o Rei Macaco perguntou.
– Só no mundo humano – respondeu o macaco –, em cavernas antigas nas montanhas mágicas.

O Rei Macaco ficou feliz ao ouvir isso.

– Vou deixá-los amanhã – disse ele – e descer a montanha. Se for preciso, vou percorrer os cantos dos oceanos e ir para a beira do céu para encontrar esses três tipos de seres e descobrir o segredo da juventude eterna que nos manterá fora das garras do Rei do Inferno para sempre.

Após essas palavras, ele partiu para ser livre da roda da reencarnação e se tornar o Grande Sábio Igual ao Céu.

Todos os macacos bateram palmas em aprovação e disseram:
– Ótimo! Ótimo! Amanhã vamos subir toda a montanha e obter lotes de frutas para dar a Vossa Majestade um banquete muito grande de despedida!

No dia seguinte, todos foram colher pêssegos mágicos, coletar frutos raros, desencavar inhames, fungos mágicos e orquídeas perfumadas. Tudo foi colhido e posto em pratos sobre as mesas de pedra, com vinho de fadas. O Rei Macaco foi levado ao assento de honra, e então festejaram o dia inteiro.

No dia seguinte, ele partiu em uma balsa para atravessar o mar. Sua intenção era velejar até o Continente Sul de Jambu. Viu humanos pela costa, pescando, caçando gansos, juntando moluscos e extraindo sal. Foi até eles, pulando e fazendo tantas e tão terríveis caretas que os amedrontou, eles abandonaram os seus cestos e redes e fugiram o mais rápido que puderam em todas as direções. O macaco agarrou um retardatário, tirou suas roupas e vestiu-se como um humano.

Dando-se por achado no mundo dos humanos, o intruso olhou para suas próprias vestes. Depois, andou na sua marcha arrogantemente imponente de macaco orgulhoso através das províncias e prefeituras e nos mercados, aprendendo o comportamento e a fala dos humanos.

Questionava-se da manhã à noite sobre budas, imortais e sábios, buscando o segredo da eterna juventude.

O macaco observou que as pessoas do mundo viviam preocupadas o tempo inteiro com a fama e a fortuna, e ele se perguntava se isso era uma constante na vida do ser humano, que estava eternamente insatisfeito.

Quanto aos imortais, não obteve nenhuma informação. Quando alcançou o grande oceano ocidental, pensou que além dele deveria haver Sábios Imortais, então fez uma balsa para chegar até lá.

Passou oito ou nove anos no Continente Sul de Jambu, atravessando os seus portões de grandes muralhas e visitando seus pequenos condados. Quando descobriu que tinha alcançado o Grande Oceano Ocidental, pensou que deveriam haver Sábios e Imortais do outro lado, então fez uma balsa, como já havia feito muitas, e flutuou através do Oceano Ocidental até chegar ao Continente Ocidental da Dádiva do Gado.

Chegando lá, fez um extenso inquérito até que um dia se deparou com um monte alto e bonito, densamente florestado nas suas encostas mais baixas. Como não temia lobos, nem tigres ou leopardos, subiu para apreciar a vista lá de cima.

Era de fato uma montanha maravilhosa e, além disso, de sua floresta saía uma voz melodiosa e ele escutou:

Assisto o jogo de xadrez
e corto tudo de uma vez,
Das árvores às nuvens,
Vendo lenha e compro vinho,
Sou feliz neste caminho.
Meu travesseiro é a raiz de um pinheiro.
Troco por baldes de arroz, veja esta
As canções que recolho em cesto.

*Não tenho concorrentes
e o preço fica a contento
Não especulo e nem amo
O que pensam de mim os humanos
Assim alongo meus dias
E encontro sempre na calmaria
Taoistas e imortais belos
Expondo a corte amarela*

O Rei Macaco ficou extremamente feliz ao ouvir isso e disse, com alegria:
– Este é o lugar certo que eu procuro. Agora, sim, hei de encontrar os imortais.

Caminhou em direção à voz e achou um lenhador junto a uma fogueira, vestindo roupas um tanto ou quanto exóticas. Supondo ser um imortal, proferiu:
– Seu discípulo o cumprimenta, ó, Grande Imortal!

O lenhador baixou o machado de espanto e virou-se para dizer:
– Não, não. Não tenho sequer o suficiente para comer ou beber, então como é que eu posso deixá-lo me chamar de imortal?

– Se você não é um – disse o Rei Macaco –, por que fala como um deles?

– Eu não falo como um imortal – disse o lenhador. – Você está enganado.

– Acabei de ouvi-lo dizer que encontra taoistas e imortais.

O lenhador riu, e o macaco continuou:
– Como posso encontrá-los, então?

– O Mantingfang contém a verdade sobre o caminho, e a música que eu cantava se chama "A Fragrância de Mantingfang". Foi um imortal que vive perto da minha cabana que me ensinou. Disse que com ela, ao invés de trabalhar preocupado, eu trabalharia feliz. Ela me faz esquecer o cansaço. Agora eu cantava porque estou com problemas, e nem imaginava que você estivesse ouvindo.

– Se você tem um imortal como vizinho, deveria aprender com ele como cultivar a sua conduta e conseguir que ele lhe dê a eterna juventude.
– Minha vida é sempre difícil – respondeu o lenhador. – Sem irmã e nem irmãos, e ainda perdi meu pai aos oito anos. Fiquei só com a minha mãe e tive de cuidar dela. Hoje mais ainda, porque está velha. Nossa terra é inçada e pouco dá. Corto lenha para vender e comprar arroz. Eu próprio cozinho para a minha mãe. Trabalhando tanto e o tempo todo, não me sobra tempo para cultivar a minha mente.
– Pelo que você diz – respondeu o Rei Macaco –, você é um bom filho e muito generoso, e isso terá retorno um dia. Ficaria grato se me levasse até o imortal, para que eu possa prestar-lhe os meus respeitos.
– Não é muito longe daqui – respondeu o lenhador. – Esta montanha é a Torre Espírito Montanha do Coração e nela está a Gruta da Lua Poente e das Três Estrelas. Naquela caverna vive um imortal chamado Patriarca Subhuti, com mais de quarenta discípulos. É só tomar o caminho ao Sul e, em duas ou três milhas, você o encontra.

O Rei Macaco deu uns puxões no lenhador e disse, com a insistência de uma criança birrenta:
– Leve-me lá, Irmão Mais Velho. Se eu conseguir alguma coisa nisso, não vou esquecer sua bondade pelo resto de meus eternos dias.
– Largue-me, imbecil – retrucou o lenhador irritado, soltando-se –, não entendeu o que eu disse? Se eu for junto com você, quem irá cuidar da minha pobre mãe? Vá por si mesmo, você é capaz.

Ouvindo isso, o Rei Macaco, sem outra alternativa, partiu sozinho. Caminhou muito e encontrou a caverna. Espiou lá dentro e a achou magnífica. Toda colorida, brilhava nela o sol e a lua. Tinha ao redor milhares de ciprestes e mais milhares de bambus altos e ciprestes antigos. Vinha do céu uma chuva esverdeada e sentia-se o perfume das flores de jade. Os rochedos eram sobressalentes e cobertos de musgo verde. Era por ali que passava a ancestral fênix, colorindo as nuvens. Os macacos negros e os cervos brancos ainda podiam ser vistos. Leões dourados e elefantes de jade preferiam ficar escondidos. Era realmente um lugar que rivalizava com o paraíso.

As portas estavam fechadas, e a caverna parecia vazia. Mas uma enorme placa dizia:

TORRE-ESPÍRITO MONTANHA DO CORAÇÃO,
CAVERNA DA LUA POENTE E TRÊS ESTRELAS.

– As pessoas daqui sao honestas – o Rei Macaco exclamou com prazer. – A montanha e a caverna realmente existem.

Não se atreveu a bater na porta, e subiu num pinheiro para comer pinhões.

Ouviu um rangido forte, e da caverna saiu um menino de uma tal nobreza e pureza que ele supôs ser um imortal. Suas feições eram diferentes das de um garoto comum. O cabelo preso com um par de faixas de seda, e seu quimono esvoaçante com mangas espaçosas. Tinha aparência distinta, mas uma fisionomia absorta. Devia ser um convidado tirado do mundo comum, onde a poluição não alcançava, e por isso ficou uma eterna criança, julgou o macaco.

Tão sensível e conhecedor da montanha, o menino logo percebeu uma presença estranha e falou:

– Quem está produzindo estes ruídos?

O Rei Macaco desceu em disparada da árvore, foi até ele e disse, com uma reverência:

– Criança imortal, eu sou um discípulo que chegou para perguntar sobre o Caminho e aprender com um Imortal. A última coisa que eu faria seria criar um tumulto aqui, acredite? – e prosseguiu, fanfarroneando-se, mas trôpego de tantas andanças.

O menino riu.

– Então você veio para perguntar sobre o Caminho?

– Sim – respondeu o macaco.

— Nosso mestre já despertou – disse o menino – e subiu num elevado para falar sobre o Caminho. Ele já sabe de você e pediu que eu lhe abrisse a porta, dizendo: "Há alguém lá fora que quer cultivar a sua conduta. Vá recebê-lo".

— Realmente ele se referia a mim – o Rei Macaco disse, esparramando seu sorriso.

— Venha comigo – convidou o menino.

O Rei Macaco ajeitou a roupa no corpo e seguiu-o nas profundezas dos recessos da caverna. Viu pavilhões majestosos e torres de jade vermelho, palácios de pérola e portões de entradas de búzios, além de incontáveis salas de silêncio e celas de isolamento, levando todo o caminho para um estrado de jaspe. Viu, então, o Patriarca Subhuti sentado no tablado e 36 Imortais menores de pé, abaixo dele.

Um Imortal de grande iluminação, livre de toda impureza, Subhuti era a maior maravilha de todo o mundo ocidental. Nem ao menos morria, porque tampouco tinha nascido. Era adepto da tríplice meditação, e seu espírito e alma evolavam benevolência. O seu vazio e desapego davam espaço para mudanças evolutivas de sua natureza livre. Tão eterno e majestoso como o céu em corpo e alma, crescia o grande mestre da Lei era iluminado através de Eras.

Assim que o Macaco Rei Bonitão o viu, foi automática a sua inclinação diante de tal divindade. Repetiu a reverência numa humildade que não lhe era habitual:

— Mestre, mestre, este discípulo lhe presta seus mais profundos respeitos – disse ele, como uma prece.

— De onde você vem? – perguntou-lhe o patriarca. – Diga-me o seu nome e de onde veio para que eu possa incluí-lo como meu discípulo.

— Eu venho da Caverna da Cortina de Água na Montanha das Flores e Frutas, na terra de Aolai, no Continente Oriental de Corpo Superior – respondeu o Rei Macaco.

— Expulsem-no daqui – rugiu o Patriarca. – É um mentiroso e um trapaceiro e, mesmo se ele tentasse cultivar a conduta, não iria chegar a lugar algum.

O Rei Macaco desesperadamente continuou batendo a cabeça no chão e disse:
– Como estou falando a verdade, já me considero seu discípulo, e lhe afirmo a veracidade das minhas palavras.
– Se fala a verdade, por que diz que veio do Continente Oriental de Corpo Superior? – inquiriu-lhe o Patriarca. – Daqui até lá há dois mares e o Continente Sul de Jambu. Como você poderia ter atravessado tudo isso?

O Rei Macaco, ainda prostrado, respondeu:
– Eu naveguei por mares e oceanos, cruzei fronteiras e vaguei por muitos países durante mais de dez anos, e eis-me aqui disposto a aceitar o seu veredito.
– Então você veio aqui por etapas – comentou o patriarca.
– Como lhe chamam lá?
– Recebo de bom grado todos os nomes que me atribuem – respondeu o Rei Macaco. – Nada me incomoda. Se me batem, respondo sem raiva. Sou educado com todos e deixo passar o destempero dos outros por conta de meu ótimo humor e coração absolutamente limpo de ressentimentos passados.
– E qual é seu sobrenome, então?
– Não tenho sobrenome, uma vez que não tive pais – respondeu o Rei Macaco.
– Cresceu, então, em uma árvore?
– Não, mas em uma pedra, sim – respondeu o Rei Macaco – Tudo o que lembro é de que havia uma pedra mágica no alto da Montanha de Flores e Frutas e que num certo ano a pedra se abriu, e eu nasci.

Escondendo o seu prazer em ouvir isto, o Patriarca disse:
– Em outras palavras, você nasceu do Céu e da Terra. Circule por um instante, quero observá-lo.

E o macaco saltou com sua habilidade um par de vezes, virou cambalhotas, não com a naturalidade que lhe era costumeira.

O Patriarca sorriu novamente e disse:
– Seu corpo é um tanto desajeitado, mas se assemelha ao macaco do *Rhesus* que se alimenta de sementes de pinheiros, e isso

185

temos bastante aqui. Devo dar-lhe um sobrenome que se adapte. Vou chamá-lo de Hu (Macaco). Os elementos que compõem a letra[27] Hu são "animal", "velho" e "lua". O que é velho é antigo; a lua incorpora o princípio negativo, e o que é antigo e negativo não pode ser transformado. Poderia também chamá-lo de Sun, que tem o mesmo significado, mas lhe acrescenta em masculinidade. Isso mesmo, já decidi. Será Sun.

Agora já nominado pelo imortal, não cabia em si o macaco Sun de contente, e prostrou-se com mais reverência ainda:

– Ótimo! Ótimo! Agora eu tenho um sobrenome. Sou eternamente grato a você por sua misericórdia e compaixão, mestre. Se não for abusar de sua generosidade, peço-lhe também um nome pessoal, facilitando assim os outros se dirigirem a mim.

– Há doze palavras dentro de minha seita – disse o Patriarca – que eu dou como nomes. Você pertence à décima geração de meus discípulos.

– Posso saber quais são elas?

– Largo, Grandioso, Sabedoria, Inteligência, Verdade, Semelhança, Natureza, Mar, Brilhante, Desperto, Completo e Iluminação. Se observarmos as gerações de discípulos, então você deve ter um nome contendo Wu, Desperto. Quem sabe lhe damos o nome Dhármico, ou seja, Nome da Lei Natural, de Sun Wukong, que significa "Macaco Desperto ao Vazio". Se adapta a você?

– Maravilhoso, maravilhoso! – respondeu o Rei Macaco, sorrindo, sem pensar na possibilidade de que ser chamado de "Desperto ao Vazio" poderia ser visto como um semi-insulto que pressupunha o reconhecimento de sua ignorância, ou "cabeça-oca". Explodindo em orgulho, ele continuou:

– De agora em diante meu sobrenome será *Sun* e meu nome pessoal será *Wukong*. Sou Sun Wukong!

---

27. Caracteres chineses, assim como os hieróglifos, por exemplo, são *logogramas* (ou seja, formas de desenhos que representam ideias e conceitos e não sons, como no alfabeto latino).

No princípio não havia sobrenomes porque não eram gerados por pai e mãe. Os sobrenomes teriam de ser adaptados à índole dos receptores, como o macaco era um recipiente para as boas coisas. Saiu macaqueando feliz com este sobrenome e se considerou o máximo.

ACORDADO PARA O VAZIO

O Rei Macaco se torna ciente da maravilhosa verdade da iluminação e percebe sua natureza espiritual ao matar o demônio

Agora de posse do novo nome, Sun Wukong, o Macaco Rei Bonitão saltitou de alegria desmedida para expressar seu agradecimento ao imortal Subhuti. Ordenou, então, o Patriarca que seu caminho de saída fosse pelas portas duplas para que aprendesse a regar as plantas, varrer o chão, e atender às ordens e se portar adequadamente, no que foi atendido.

Quando Sun Wukong estava fora, se inclinou a todos os seus irmãos espirituais mais experientes e espichou a sua cama na varanda, para dormir. Nos dias subsequentes estudou a língua e o comportamento de seus irmãos espirituais, debateu sobre as escrituras, discutiu sobre o Caminho, praticou caligrafia e acendeu incenso. Tudo de bom grado quando lhe era ordenado.

Quando tinha algum tempo livre, varria o terreno, cavava a horta, plantava flores, cuidava das árvores, procurava gravetos, acendia o fogo, carregava água e ia buscar soja. Tinha tudo o que precisava, e sete anos se passaram num piscar de olhos sem que ele percebesse.

Voltou o patriarca, tomou o seu lugar no estrado, chamou todos os imortais e começou a falar sobre o Grande Caminho.

Brotavam de sua boca sabedorias celestiais que caíam em profusão como flores e ouro sobre os ouvintes. E, abanando-se com seu leque, expôs ele a doutrina dos Três Veículos e 10 mil Leis Naturais[28] em todos os seus detalhes.

Continuou expondo as maravilhas com fortes palavras que ecoavam como trovões que sacudiam os Nove Céus. Explicou-lhe

---

28. Dharmas.

que as Três Crenças[29] eram basicamente as mesmas e uma palavra de qualquer uma as fazia enxergar a verdade. Desvendou-lhe ainda os segredos da natureza de cada um e como gerar e controlar novos nascimentos.

O macaco era todo ouvidos e de tão contente puxava a própria orelha, coçava o rosto e sorria à toa. Não conseguia conter as mãos irrequietas, o que chamou a atenção do Patriarca, que disse-lhe:

– Por que você está pulando por aí como um louco na sala de aula em vez de ouvir meus ensinamentos?

– Seu discípulo está ouvindo tudo com toda atenção – o Macaco respondeu –, mas as suas palavras são tão excitantes que me ponho a saltar sem controle. Por favor, me perdoe.

O Patriarca respondeu:

– Se você realmente está entendendo as minhas palavras, responda a esta pergunta. Há quanto tempo você está na minha caverna?

– Seu discípulo nasceu estúpido – respondeu o Macaco –, por isso não tenho ideia de tempo. Tudo o que sei é que sempre que o fogo apaga, vou para o outro lado da montanha para buscar lenha numa colina coberta de pessegueiros majestosos, onde já comi pêssegos sete vezes.

– Aquele monte é chamado Colina do Pêssego Macio. Se comeu sete vezes, deve ter ficado por aqui sete anos. Que tipo de caminho que você quer saber de mim?

– Isso depende do que queira me ensinar, mestre. Aprendo tudo. Enquanto houver um sopro de Caminho para ensinar, seu discípulo vai aprender.

– Há 360 entradas laterais para o Caminho, e todas elas levam a um Resultado Verdadeiro – o Patriarca disse. – Que tal lhe ensinar o caminho das Artes Mágicas, que incluem a invocação de imortais, o uso da tábua mágica de areia e adivinhação por milefólio, para trazer boa sorte e evitar o desastre?

---

29. Budismo, confucionismo e taoismo. Simbolicamente, aplica-se a todas as crenças do mundo.

– O discípulo pode tornar-se imortal dessa forma? – perguntou o Macaco, não cabendo em si de felicidade.

Como a resposta foi um redondo não, o macaco pediu que lhe mostrasse outros caminhos
O Patriarca lhe apresentou o Caminho das Seitas, dentro do qual havia o confucionismo, o budismo, o taoismo, o estudo do negativo e do positivo (yin e yang), mohismo, medicina, leitura de escrituras e o canto do nome de um Buda. Pode-se também convocar sábios e imortais.

– Pode-se alcançar a imortalidade desta maneira? – perguntou o macaco, de olhos acesos.

– Alcançar a imortalidade dessa forma – o Patriarca respondeu – é como colocar um pilar na parede.

– O que quer dizer isso?

– Quando um homem constrói uma casa e quer torná-la forte, ele coloca um pilar na parede. Mas quando chega o dia para a sua casa cair, o pilar sem dúvida apodrecerá.

– Pelo que você diz – o Macaco observou – não é eterna. Não. Não quero aprender isso.

– Quer aprender o Caminho do Silêncio? – o Patriarca, então, perguntou. – Este envolve abster-se de grãos, preservar nossa essência, o silêncio, a inação, a meditação, abster-se da fala, comer comida vegetariana, realizar alguns exercícios durante o sono ou em pé, entrar em transes e permanecer retraído em total isolamento.

– É uma maneira de se tornar imortal? – novamente perguntou o macaco.

– É como construir a parte superior de um forno com tijolos secos ao sol – respondeu-lhe o Patriarca. – Se assim o fizer, poderá fazer com que tudo pareça estar bem, mas, se não forem endurecidos com fogo e água, então vão desmoronar na primeira chuva pesada.

– Vejo que não há a eternidade nem aqui – respondeu o Macaco. – Não. Não quero aprender isso.

– Quer que eu lhe ensine o Caminho da Ação, então? – o Patriarca perguntou. – Trata-se de agir e de fazer, extraindo o

Negativo e construindo o Positivo, puxando o arco e carregando a balestra, esfregando o umbigo para fazer com que o fluxo sutil de humores flua, refinando elixires de acordo com as fórmulas, acender fogueiras debaixo de caldeirões, consumir "Chumbo Vermelho", purificando a "Pedra de Outono" e bebendo do leite das mulheres.

– E assim viverei para sempre? – perguntou o macaco, torcendo as mãos, no auge da ansiedade.

– Não, seria como "levantar a lua para fora da água".

– E o que isso significa?

– A lua está no céu, e na água só está o seu reflexo, que não se pode erguer.

– Não. Não quero aprender isso – exclamou o macaco, resoluto.

Quando o Patriarca ouviu isso, arfou e desceu o seu estrado como quem não reconhecia ali um súdito comum que aceitasse qualquer coisa. Via nele um obstinado com rumo próprio que precisava apenas a maneira de descobrir como chegar lá.

Aproximou-se do macaco, bateu três vezes na sua cabeça com a bengala e disse-lhe:

– Você não quer estudar isso e nem aquilo, então quer estudar o quê? Já lhe dei todas as chances.

Dito isso, dirigiu-se a seus aposentos com as mãos atrás das costas e fechou a porta principal na cara de todos os discípulos.

– Seu macaco atrevido, você não tem a mínima ideia de como se comportar diante de um venerável mestre – acusou-o um colega, e os outros aquiesceram. – Tudo culpa sua, macaco metido a sabichão. O augustíssimo estava ensinando-nos o caminho, mas você tinha que discutir com ele, em vez de ficar calado e aprender? Você insultou o mestre, e agora não sabemos quando ele voltará, e se voltará.

Todos olhavam para Sun Wukong acusadoramente. Mas ele não se importou, e seu rosto estava iluminado por um confiante sorriso, pois havia entendido a mensagem na forma enigmática de agir do mestre e como lhe passara.

Assim, ele não discutiu com os outros, mas deixou que falassem e o censurassem à vontade.

O que ele entendeu foi isso: quando foi acertado na cabeça três vezes, que prestasse atenção na terceira vigília. Quando andou com as mãos atrás das costas e fechou a porta principal, entendeu que havia dito que entrasse pela porta dos fundos, onde lhe seria ensinado o segredo do Caminho.

Encantadíssimo, Sun Wukong passou o resto do dia com os colegas, na frente da Caverna das Três Estrelas, fingindo normalidade e olhando para o céu, aguardando a noite.

À noite, enquanto todos pensavam que ele dormia, calculou que seria a terceira vigília, levantou-se calmamente, vestiu-se e saiu através da porta da frente, percebendo que a lua brilhava clara e fria.

Vaga-lumes espalhavam as suas luzes, e uma linha de gansos estava espichada através das nuvens. Era exatamente a terceira vigília, o momento certo para perguntar sobre o Caminho.

Circundando o local encontrou a porta de trás entreaberta e percebeu que havia entendido certo, o mestre queria ensinar-lhe o caminho.

Andou na ponta dos pés e foi até a cama do Patriarca, onde ele o viu dormir enrolado para cima, voltado para o interior da sala.

Não o perturbou. Ao invés disso, ajoelhou-se em frente a sua cama e aguardou.

Ao acordar-se, o patriarca espichou as pernas e falou para si mesmo:

– É difícil, difícil, difícil. O Caminho é muito obscuro. Não faça luz do Ouro e do Cinábrio.[30] Ensinar magias milagrosas para qualquer um que não o Homem Perfeito é cansar a voz e secar a língua em vão.

– Mestre, seu discípulo está ajoelhado aqui por um longo tempo. – disse Sun Wukong em resposta.

---

30. Cinábrio: minério comum do mercúrio. Também significa "chumbo vermelho" em latim.

Quando o Patriarca ouviu que era Sun Wukong que falava, vestiu seu manto, sentou-se de pernas cruzadas e gritou, contrariado:

– É aquele macaco, de novo? Quem o autorizou a entrar no meu quarto? Não deveria estar dormindo lá fora?

– Mestre, o senhor me disse publicamente na frente do altar ontem que seu discípulo deveria vir aqui através do portão de trás na terceira vigília que você ia me ensinar o Caminho. Foi por isso que eu tive a ousadia de vir prestar meus respeitos ao lado da cama de meu senhor.

O Patriarca estava muito satisfeito ao ouvir isso e disse para si mesmo: "Este macaco me surpreende, deve realmente ter nascido do Céu e da Terra. Caso contrário, não teria sido capaz de entender a minha mensagem enigmática".

– Não há um terceiro par de ouvidos nesta sala, seu discípulo é a única pessoa aqui além do senhor – sussurrou Sun Wukong.

– Espero, mestre, que em sua grande misericórdia me ensine o Caminho da Imortalidade. Se fizer isso, lhe serei grato por toda a eternidade.

– Você é um predestinado – disse o Patriarca –, então eu ficarei feliz em lhe ensinar o que sei. Como você entendeu a minha mensagem críptica, venha aqui e ouça atentamente o que falta para entender o mágico Caminho da Imortalidade.

Sun Wukong prostrou-se com enorme gratidão, diante da cama, ouvindo com toda atenção. O Patriarca disse:

– O poder absoluto está nas magias verdadeiras e, quando reveladas, são a única forma segura de alguém proteger a própria vida. Tudo vem da essência, do vapor e do espírito. Devem ser protegidos de forma segura, em absoluto sigilo e jamais divulgados a alguém. O Caminho que eu lhe ensinar vai florescer de si próprio e será armazenado no corpo. Os benefícios advindos destes dão proteção contra desejos maléficos e tornam a pessoa pura brilhando como a lua em torre de cinábrio.

– Você deve já saber – continuou o mestre, após uma pausa – que a lua contém um Coelho de Jade, um Corvo de Ouro, a

Tartaruga e a Serpente, que estão sempre entrelaçadas. Então a vida é firme, e pode-se plantar lótus de ouro no fogo. Segure todos os cinco elementos e vire-os de cabeça para baixo. E, quando você for bem-sucedido, você pode se tornar um Buda, ou um imortal.

A explicação do Patriarca foi para a raiz das coisas. O coração de Sun Wukong se encheu de felicidade, e ele incorporou os feitiços na memória.

Com a lição aprendida, o macaco curvou-se ante o Patriarca, expressando a sua profunda gratidão, e saiu pela porta dos fundos sem dizer palavra.

Viu, enquanto a luz dourada brilhava no Ocidente, um grande traço branco no Oriente.

Foi para a porta da frente seguindo a velha passagem, empurrou-a suavemente e entrou. Sentou-se onde antes estava dormindo, sacudiu a cama e disse em voz alta:

– É madrugada, é madrugada! Levantem-se.

Os outros estavam todos dormindo, sem saber da boa sorte de Sun Wukong.

Levantou-se em seguida, saboreando para si a realidade quase sonho que tivera à noite com o mestre. A satisfação era tanta que ele teve que controlar a respiração para que não fosse percebida.

Três anos se passaram desta forma, e o Patriarca subiu mais uma vez no estrado de palestras e expôs aos seus aprendizes as Leis Naturais, o Dharma. Contou ditos populares e parábolas e discutiu aparências e fenômenos externos.

– Onde está Sun Wukong? – ele perguntou, de repente.

– Seu discípulo está presente – manifestou-se Sun Wukong lá do canto, indo para a frente e ajoelhando-se diante do mestre.

– Que Caminho cultivou desde que chegou aqui?

– Seu discípulo é agora muito bem familiarizado com o Dharma – Sun Wukong respondeu –, e minha Fonte está ficando progressivamente mais forte.

– Se você está familiarizado com o Dharma e você sabe sobre a Fonte – disse o velho mestre – e se o espírito já fluiu para você, então deve tomar muito cuidado com os "Três Desastres".

Sun Wukong pensou por um longo tempo e então respondeu:

– Patriarca, isso não passa de suposições falsas. Tenho ouvido muitas vezes que o Caminho é sublime e seu poder é grande, que é tão eterno quanto o céu, que pode superar o fogo e a água e evitar todas as doenças. Como poderia, então, haver "Três Desastres"?

– Este não é um Caminho comum: envolve apreensão, a criação do Céu e da Terra e o desvendar das influências do sol e da lua – esclareceu-lhe o Patriarca. – Após o efeito do elixir, demônios e espíritos maus não o suportam. Embora ele preserve a juventude do seu rosto e prolongue a sua vida em quinhentos anos, ainda assim você estará suscetível a ser acertado por um raio. Seja perspicaz a ponto de evitá-lo e viverá tanto quanto o Céu. Os próximos quinhentos anos poderão ser acertados pelo fogo do Céu. Não será um fogo celestial comum, mas um "fogo oculto". Ele o reduzirá a cinzas. Outros quinhentos anos terá a seu desfavor um vento que soprará contra você. Não o que sopra sobre flores, salgueiros, pinheiros e bambus, nem virá do norte, sul, leste ou oeste, nem será um vento quente e perfumado do noroeste. Soprará do topo da sua cabeça para baixo e entrará em suas seis entranhas, passará pelo Campo Cinábrio abaixo do seu umbigo e penetrará em seus nove orifícios. Sua carne e seus ossos serão destruídos, e seu corpo vai se desintegrar. Portanto, você deve evitar todos os Três Desastres.

Quando ouviu isso, o cabelo de Sun Wukong eriçou-se e ele prostrou-se sobre os joelhos com as palavras:

– Eu imploro a você, meu senhor, para mostrar compaixão e me ensinar como evitar estes três desastres. Se o fizer lhe serei eternamente grato, porque terei vida para sê-lo.

– Isso seria fácil – o Patriarca respondeu – se eu pudesse ensinar-lhe. Mas o fato de você ser diferente dos demais me impede.

– Eu tenho uma cabeça em direção ao céu e os pés que estão na terra – disse Sun Wukong. – Eu tenho nove orifícios, quatro membros, cinco vísceras e seis entranhas. Como eu sou diferente dos outros, então?

– Embora você seja muito parecido como as outras pessoas, suas bochechas são muito pequenas.

O Macaco tinha uma cara engraçada, com bochechas que cediam para dentro e um queixo pontudo.

Sun Wukong tocou seu rosto com a mão e respondeu com uma risada:

– Mestre, você não levou tudo em conta. Embora eu seja um pouco curto de mandíbula, eu tenho mais barbela do que outras pessoas, para compensar.

– Muito bem, então – disse o Patriarca – o que você prefere aprender: as 36 transformações celestiais ou as 72 terrenas?

– Seu discípulo quer obter o máximo disso que ele puder, então eu gostaria de aprender as da terra.

– Se é isso que você quer – o Patriarca respondeu –, venha aqui e vou te ensinar os feitiços.

Então ele sussurrou algo no ouvido de Sun Wukong, e o macaco entendeu e passou a praticar os feitiços na hora. Treinou até que tivesse dominado todas as 72 transformações.

Um dia, o Patriarca e todos os seus discípulos estavam apreciando o pôr do sol do lado de fora da Caverna Três Estrelas.

O Patriarca perguntou a Sun Wukong:

– Você já conseguiu?

– Graças a sua infinita misericórdia, mestre – respondeu Sun Wukong –, os resultados do seu discípulo têm sido perfeitos, e eu agora posso subir nas nuvens e voar.

– Quero apreciar este seu desenvolvimento – disse o Patriarca.

Sun Wukong usou sua habilidade para executar uma série de saltos que o elevaram cinquenta ou sessenta pés para o ar; em seguida, caminhou sobre as nuvens mais ou menos o mesmo tempo que se leva para se comer uma refeição.

Ele cobriu cerca de uma milha por completo antes de pousar na frente do Patriarca, cruzando os braços sobre o peito e dizendo:

– Mestre, isto é voar e planar pelas nuvens.
– Isso não é planar pelas nuvens – respondeu o Patriarca, sorrindo com simpatia –, é só subir por elas. Há um velho ditado que diz que "um Imortal visita o Mar do Norte de manhã e à noite Cangwu". Mas, para levar tanto tempo como você levou apenas para passear uma milha, não conta como subir nas nuvens.
– E isso é possível? – Sun Wukong perguntou, com olhos brilhantes de curiosidade e perspectiva.
– Todos os Planadores de Nuvens começam a partir do Mar do Norte no início da manhã, visitam os mares Oriental, Ocidental e do Sul e depois voltam para Cangwu (que é como o Mar do Norte é chamado no idioma Lingling). Quando você puder ir além de todos os quatro mares em um único dia você pode considerar-se um Planador de Nuvens.
– Mas isso deve ser muito difícil – observou Sun Wukong.
– A vontade faz o caminho – o Patriarca respondeu.
– Nada pela metade, mestre – respondeu Sun Wukong, arqueando-se e prostrando-se até o chão. – Eu imploro a você na sua grande misericórdia para me ensinar a arte de Subir nas Nuvens. Eu prometo que, se fizer isso, lhe serei eternamente grato, pois terei mais vida para agradecer-lhe.
– Imortais decolam com um estilo próprio de seus pés – disse o Patriarca –, mas você o faz de forma diferente, acabei de vê-lo se levantar. Como essa é a maneira que você faz, eu vou mostrar-lhe como fazê-lo com seu estilo próprio e ensinar-lhe o "Salto Mortal da Nuvem". Para este tipo de nuvem – continuou o Patriarca –, você faz a mágica apertando as mãos de forma especial, recitando as palavras do feitiço, cerrando o punho, agitando-se e pulando. Com um salto mortal você pode ir 60 milhares de quilômetros.
Seus colegas, que até agora estavam abismados ao assistir o empenho em fazer frutificar os sortilégios naquele troglodita, exclamaram de diversas formas, mas com o significado:
– Velho Sun Wukong sortudo. Com mágica como esta você poderia ser um mensageiro entregando cartas e relatórios oficiais

e nunca iria faltar-lhe uma refeição – querendo diminuir-lhe a imortalidade iminente e subjugando-o aos sistemas da terra.

Quando estava escuro, o mestre e seus discípulos voltaram para a caverna. Aquela noite, Sun Wukong moveu seu espírito, praticou a técnica e dominou o Salto Mortal da Nuvem. A partir de então, sentiu-se livre de toda restrição e passou a gozar das delícias dos espaços infinitos e da imortalidade, vagando como e quando bem quisesse.

Em um dia, quando a primavera foi dando lugar ao verão e todos os discípulos estavam sentados debaixo de algumas árvores de pinheiro ouvindo palestras por um longo tempo, sem aproveitar nada, disseram:

– Sun Wukong, em que vida você ganhou o seu destino atual? No outro dia, o nosso mestre sussurrou-lhe como fazer as transformações para evitar os Três Desastres. Você ainda está sujeito a eles?

– É verdade, irmãos – disse Sun Wukong, com um sorriso. – Eu posso fazer todas. Em primeiro lugar, é porque o nosso mestre ensinou-me e, em segundo, é porque eu as praticava incessantemente dia e noite.

– Se isso é verdade, dê-nos uma demonstração.

Com boa vontade, Sun Wukong preparou o seu espírito para mostrar a sua habilidade, sem esconder a forma como o fazia.

– Digam-me no que vocês gostariam que eu me transformasse.

– Torne-se um pinheiro – disseram todos, já combinados.

Sun Wukong cerrou o punho, disse as palavras mágicas, sacudiu-se e transformou-se em um pinheiro alto e forte, que mudava o visual, de verde passando a nevado conforme as estações. Elevando a sua majestade vertical em direção às nuvens. Ou seja, longe da aparência de um macaco, uma árvore que resiste ao calor e à neve.

Quando os discípulos viram isso, bateram palmas dizendo:
– Bravo, macaco, você conseguiu! Bravo!

Tanto barulho fizeram que perturbaram e acordaram o Patriarca, que correu mancando, arrastando a bengala atrás de si.

Antes que lhes perguntassem o motivo do barulho, os discípulos correram apressadamente até ele, ajeitando a postura.

Sun Wukong, que havia retomado a sua aparência real, disse da floresta:

– Perdão, Mestre, nós conversamos muito alto e o acordamos.

– Esta não é maneira de meus discípulos se comportarem – o Patriarca rugiu com raiva. – Quem está cultivando a conduta perde os vapores sutis que escapam quando abre a boca e, quando mexe a língua, o problema começa. E a que se deve essa barulheira?

– Sun Wukong estava se divertindo, se transformou num pinheiro e nós todos o elogiamos e aplaudimos. Imploramos, mestre, que nos perdoe.

O Patriarca mandou todos embora, exceto Sun Wukong, a quem disse:

– Isso é uma maneira de usar seu espírito, transformando-se em um pinheiro? Essas habilidades não devem ser exibidas, por que vão lhe pedir que ensine. Logo nosso templo se transformará numa floresta. Trate de ficar fora de problemas, caso contrário, eles podem lhe fazer mal, e então sua vida estará em perigo.

– Por favor, perdoe-me, senhor – disse Sun Wukong, numa respeitosa prostração.

– Não vou puni-lo – o Patriarca respondeu –, mas você terá que ir embora.

Os olhos de Sun Wukong se encheram de lágrimas.

– Mestre, ir para onde?

– Volte para o lugar de onde veio.

Sun Wukong teve um despertar repentino e disse:

– Eu vim da Caverna da Cortina de Água, na Montanha de Flores e Frutas no país de Aolai, no Continente Oriental de Corpo Superior.

– Se você apressar a sua ida para lá – disse o Patriarca – vai ser capaz de preservar a sua vida. Aqui, vai ser absolutamente impossível de fazê-lo.

– Sim, mestre – concordou Sun Wukong, aceitando sua punição com bom humor. – Eu estive fora de casa por vinte anos e não vou negar que sinto falta dos velhos tempos e da minha tribo. Mas como eu ainda não lhe mostrei minha enorme gratidão nem retribuí sua generosidade para comigo, não consigo me fazer ir.

– Não se atenha por mim. Está liberado, compreendeu?

Compreender, compreendia, mesmo não concordando, e cumpriria as ordens do patriarca, sim, mas para amá-lo dependia de muito mais.

Vendo que não havia mais o que fazer, Sun Wukong curvou-se e despediu-se dele, dizendo adeus a todos os outros discípulos.

– Sejam quais forem as encrencas em que você se meter e os crimes que cometer, me deixe fora disso – disse-lhe o Patriarca.

– Não ouse, sob quaisquer circunstâncias, chamar-se de meu discípulo. Se você apenas sugerir isto, eu saberei puni-lo da forma mais terrível que houver e banir sua alma para a Nona Escuridão e de lá não sair por 10 mil Eras.

– Esteja certo de que farei conforme suas recomendações e não direi uma única letra do seu nome – disse Sun Wukong. – Aprendi tudo sozinho, não foi? – e partiu.

Não antes de fazer encantos, apertar o punho, pular de cabeça, convocar uma nuvem de salto mortal.

Voltou para o continente oriental. Dentro de duas horas, ele viu a Cortina de Água, na caverna, de Montanha de Flores e Frutas. O Macaco Rei Bonitão ficou tão satisfeito que disse para si mesmo: "Quando eu saí daqui a minha carne e os meus ossos mortais eram pesados, mas agora que eu tenho o Caminho meu corpo é leve. Com a verdadeira determinação, a vontade se torna firme e o escondido se torna claro. Quando cruzei os mares pela última vez, as ondas entraram no meu caminho. Mas agora no meu retorno a viagem foi fácil. As palavras de despedida ainda ecoam em meus ouvidos. Quando vou ver o Oceano Oriental de novo?".

Sun Wukong saltou de sua nuvem e foi direto para a Montanha de Flores e Frutas. Ouviu o chamado dos grous e os gritos tristes dos macacos.

– Crianças, estou de volta – gritou Sun Wukong.
Todos vieram pulando e descendo de árvores, cavernas e penhascos. Cercaram-no aos milhares e prostraram-se:
– Majestade, sentimos a sua falta. Estávamos desesperados, queríamos você de volta. Um demônio esteve nos maltratando terrivelmente. Ele está ocupando nossa Caverna da Cortina de Água. Quase perdemos a vida lutando contra ele. Rouba nossas coisas, leva nossos jovens e ameaça nossas famílias. Mais um ano sem você e estaríamos perdidos.
– Quem é esse demônio? – perguntou ele, indignado. – Que ultraje! Contem-me tudo que lhe darei o que merece.
O macaco anfitrião prostrou-se novamente sobre seus joelhos e disse:
– Sua Majestade, o desgraçado chama-se Rei Demoníaco da Confusão. Ele vive ao norte.
– A que distância daqui está o seu covil? – Sun Wukong perguntou.
– Ele vem e vai em nuvens e névoas, com o vento e a chuva, ou raios e trovões, por isso não sabemos quão perto ou longe é sua caverna.
– Se é assim – Sun Wukong respondeu –, então não se preocupem, eu vou me encontrar com ele.
O Rei Macaco saltou para o ar com extraordinária agilidade e, dando uma cambalhota para o Norte, viu do alto uma montanha alta de diversos picos perpendiculares se projetando para cima, córregos sinuosos que levavam para o submundo. As plantas competiam em estranheza, mas no mais era uma visão comum. Havia dragões, tigres e bois de ferro arando, flores desabrochando. Destas montanhas brotavam os três mundos.
Era a caverna da Barriga da Água que alimentava os cinco elementos. Quando olhava tudo isso, o Macaco Rei ouviu vozes e desceu a montanha. Encontrou a caverna na Barriga da Água de frente para o precipício. Demoninhos que dançavam por ali fugiram ao vê-lo. Sun Wukong estava à vontade. O mundo era seu pátio, tanto fazia onde estivesse.

Chamou-os de volta e disse:
— Venham cá. Eu sou o Rei da Caverna da Cortina de Água na Montanha de Flores e Frutas que fica ao Sul. Preciso que levem uma mensagem ao seu rei, o Demônio da Confusão.

Os demônios menores entraram nas profundezas da caverna e relataram:
— Uma desgraça, Vossa Majestade.
— O que quer dizer, uma desgraça? — perguntou o rei demônio sem se alterar.
— Há um macaco ali fora da caverna — disseram os pequenos demônios — que diz ser o Rei da Caverna da Cortina de Água na Montanha de Flores e Frutas. Ele quer encontrá-lo, parece querer acertar contas.

O Rei Demônio riu e gargalhou despreocupadamente.
— Aqueles macacos paspalhos estão sempre falando sobre um rei deles que renunciou ao mundo para cultivar a sua conduta, e eu acho que deve ser ele quem está aqui agora. Você viu como ele estava vestido ou o que armas está carregando?
— Não carrega arma alguma. Está com a cabeça descoberta, usando uma veste vermelha com cinto e com uma faixa de seda amarela e um par de botas pretas. Não está vestido como um monge, ou um leigo, ou um Imortal. Está sem luvas e de punhos vazios. Ele o aguarda do lado de fora das portas.
— Tragam-me minha armadura e armas! — ordenou o rei demônio.

Os servos as trouxeram prontamente e após paramentar-se, saiu de espada em punho, seguido por seus criados.
— Quem é o Rei da Caverna da Cortina de Água? — ele rugiu.

Sun Wukong, num rápido olhar, viu que o inimigo usava um capacete dourado escuro, brilhando ao sol. Vestia um quimono de seda preta que se esbatia ao vento. Por baixo, usava uma armadura de metal preto, cingida com um cinto de couro e botas padrões, tão esplêndidas como as de um marechal de campo. Sua cintura tinha dez pés de diâmetro, e sua altura era de trinta côvados. Em sua mão empunhava uma magnífica espada, com ponta e borda reluzente. Era de aspecto deslumbrante.

— Criatura cega e cheia de si! — gritou o Rei Macaco. — Seus olhos podem ser grandes e acesos como a brasa, mas você não pode ver quem eu sou.

O rei demônio o desdenhou numa escandalosa gargalhada:
— Toda esta panca baseada em que, seu anão? Não chega a quatro pés de altura, é jovem demais e está desarmado. Que tipo de coragem louca o faz vir me desafiar para uma luta?

— Demônio arrogante! — retrucou Sun Wukong. — Me acha pequeno, mas posso crescer a hora que quiser com toda facilidade. Me acredita desarmado, mas eu tenho poder bastante para puxar a lua do céu com as duas mãos. Veja com seus próprios olhos o velho Sun Wukong dar-lhe um poderoso golpe.

Sun Wukong deu um salto no ar e soqueou imprevisivelmente a cara surpresa do rei demônio, que estendeu a imensa mão para detê-lo.

— Veja como eu sou descomunal, seu pigmeu. Você usa os punhos, eu empunho minha poderosa espada. Não vou matá-lo com ela, porque isso me ridicularizaria. Vou largar minha espada e soqueá-lo como um saco de pancadas, numa verdadeira lição de boxe.

— Bem dito — exclamou Sun Wukong. — Falou como um homem de verdade, só espero que aja como tal e não fique só na palavra.

O rei demônio ameaçou um soco no macaco, mas, ao baixar a guarda para atacá-lo, Sun Wukong voou em sua direção e deu-lhe uma sucessão de murros e chutes que deixou o demônio tonto.

Quando o macaco abria a mão, ela se tornava gigantesca e, quando a cerrava, seu punho era duro como a pedra. Bateu nas costelas do demônio e tanto chutou que quebrou várias de suas articulações. Este sacou sua espada de aço, que era tão longa como um pinheiro, e golpeou em direção ao crânio de Sun Wukong, que se esquivou com maestria, e a espada só dividiu o ar.

Vendo que o rei demônio se sentia humilhado e afrontado por não vencer um inimigo, Sun Wukong usou sua arte mágica de conseguir corpos extras. Arrancou um fio de cabelo, colocou na boca, mastigou-o e soprou para o ar, gritando:
— Modifiquem-se!

Os pedaços transformaram-se em centenas de macaquinhos que saltitavam em volta dele, atentos as suas ordens.

Sun Wukong, desde que tinha seguido o Caminho, podia modificar cada um dos 84 mil pelos de seu corpo em qualquer coisa que ele quisesse.

Os macaquinhos eram, como ele, muito ágeis para serem acertados, e uma espada ou lança daquele tamanho era difícil de manejar para atingi-los. Todos os símios reunidos atacaram o demônio como se fossem um enxame de vespas, pegando-o, ferroando-o, cutucando-o, puxando-o, socando-o, chutando-o, arrancando seus cabelos, arranhando os seus olhos, torcendo o seu nariz, até fazê-lo cair como um saco de arroz, todo ensanguentado.

Sun Wukong pegou, então, a espada do próprio demônio e, abrindo caminho entre os macaquinhos, ergueu-a alto sobre a cabeça e desceu-a sobre o inimigo, dividindo-o em dois.

Em seguida, o Rei Macaco conduziu suas tropas de símios a avançarem para a caverna, onde exterminaram, sem grandes problemas, toda a multidão de demônios enfurnados. A sorte lhe vinha aos borbotões.

Angariou amizade até de subalternos que estavam prisioneiros e foram liberados e seguia espalhando afeição e confiança entre os de sua raça como o perfume emana de uma cesta de flores ou frutos.

Seu esforço era ao natural. Nunca estava cansado. Como os pastos, os rios e as flores do campo. Caminhava em direção ao infinito e ao mesmo tempo pisava nele. Muitos o viram rir e gargalhar. Ninguém o vira chorar jamais. Nem reclamar da má sorte. Era uma questão de catar o branco arroz antes de cozer. Em terras estrangeiras, vestia-se como eles.

Após o vitorioso extermínio, o macaco rei sacudiu os pelos, e os macaquinhos encantados retornaram ao seu corpo em forma de pelo. Exceto cerca de quarenta animais de sua espécie que o rei demônio havia abduzido na Caverna da Cortina de Água, que lhe explicaram:

– Fomos feitos prisioneiros depois que Vossa Majestade partiu para se tornar um imortal – responderam chorosos.

– Se tem aqui coisas nossas que foram roubadas, peguem tudo – ordenou aos macacos e, após isso, ateou fogo na caverna dos demônios.

– Vossa Majestade – responderam eles –, como voltaremos?

– Vieram por magia, voltarão por magia – disse ele. – Fechem os olhos e confiem em mim.

O esplêndido Rei Macaco recitou seu sortilégio e um furacão trouxe uma nuvem até o solo e fez questão que abrissem os olhos para que vissem o trajeto até em casa.

Foram recepcionados como guerreiros e circundados com alegria. O Rei Macaco recebeu todo tipo de homenagem.

Vinho e comida foram servidos para comemorar a vitória e a volta deles. Choviam perguntas sobre a batalha que o Rei Macaco havia travado com o rei demônio para salvar sua gente.

Era quase impossível de acreditar nas façanhas que ouviram, e a admiração foi imensa ao saber que seu senhor sabia tudo aquilo.

Contou-lhes então todos os acontecimentos de sua grande ausência e esclareceu-lhes que seu desenvolvimento tinha sido em prol de todos os macacos dali, como puderam comprovar neste dia.

Vendo o encantamento que causava nos ouvintes, o rei prosseguiu e chegou ao ápice de sua história contando-lhes como conhecera um venerável imortal.

– Foi ele que me ensinou o caminho, me fez tão imortal quanto o céu e me fez conhecer o grande Portal Dhármico da juventude eterna.

– Pessoal – falou um deles –, aclamemos o nosso rei, pois alguém igual a ele não se encontra nem em um bilhão de anos.

– Fiquem felizes que agora o rei ganhou um nome e um sobrenome para todos – acrescentou Sun Wukong.
– Qual é o sobrenome de Vossa Majestade? – perguntaram vários macacos ao mesmo tempo.
– Meu sobrenome é agora Sun, e meu nome budista é Wukong.

Os macacos aplaudiram alegremente e disseram:
– Macacos me mordam, se Sua Majestade não é o Ancião Sun e nós não somos o Segundo Sun, o Terceiro Sun, o Sun Magro, o Pequeno Sun. Uma família de Suns, uma nação de Suns, um antro de Suns.

Sentiram-se todos felizes com o pertencimento a esse reino. Todos se queriam bem e se protegiam sob a égide de um rei com nome e sobrenome que se estendia para todos. Isso era coisa para se festejar. E foi o que fizeram, com fartos pratos e vinho de uva, flores e frutas mágicas. A felicidade transbordava como licor, embriagando a todos que permaneciam à espera de serem transferidos para o registro dos Imortais. Os imortais Sun.

Macaco no palácio do dragão do mar do leste

Após celebrarem durante dias inteiros a vitória contra os demônios, Wukong, o Rei Macaco, resolveu ensinar a seu povo a arte da defesa contra possíveis ataques de inimigos. O líder treinou-os, primeiramente, com espadas de madeira e lanças de bambu. Mas deu-se conta de que precisavam mesmo era de armas de verdade. Invadiu, então, uma cidade perto da montanha e trouxe um arsenal.

Passado um tempo, Wukong manifestou o desejo de ter uma arma especial para si. Quatro macacos anciãos lhe sugeriram:

– Vossa Majestade, nossa caverna está ligada ao Palácio do Dragão do Mar do Leste. Não acha que seria uma boa ideia buscar uma arma do Rei Dragão?

O esperto Wukong usou as suas novas habilidades para mergulhar diretamente ao fundo do Mar do Leste. Quando chegou ao Palácio do Dragão, foi barrado por uma besta guardiã.

– Eu sou o Sábio da Montanha de Flores e Frutas – proclamou Wukong –, um vizinho do seu Rei Dragão.

– Já o conhecemos. Sua fama o precedeu – respondeu-lhe a besta e voltou ao palácio para anunciar Wukong.

O Rei Dragão o recebeu e convidou-o para que entrasse.

– Eu preciso de uma arma poderosa e especial para proteger a minha caverna – disse Wukong, após algumas conversas e alguns saquês. – Eu soube que você possui muitas armas mágicas. Poderia me dar uma delas.

O dragão temia os poderes de Wukong e então ordenou a seus servos que trouxessem um garfo de nove dentes, que pesava 3,6 mil libras, mais de uma tonelada e meia. Wukong segurou o garfo na mão e disse:

– Leve demais. Por favor, dê-me outra.

O Rei Dragão surpreendeu-se, mas ordenou a seus servos que trouxessem um machado de batalha antigo.

O machado pesava 7,2 mil libras, mais de três toneladas. Wukong levantou a arma e novamente se queixou de que era muito leve.

– Vossa Majestade, não tenho armas mais pesadas do que esta – respondeu o Rei Dragão, intrigado.

Wukong riu e disse:

– Vasculhe seu palácio novamente e, se encontrar uma arma adequada para mim, pagarei por ela.

Essas palavras enfureceram o Rei Dragão, mas sua esposa e filhas, vendo isso, trataram de acalmá-lo e o levaram à parte, sugerindo:

– Por que não lhe dá o ferro mágico moldador de mar deixado por Ta Yu quando ele domou as águas? Wukong pode remodelá-lo para seu próprio uso.

O Rei Dragão seguiu os conselhos dos seus e ordenou que levassem Wukong até o seu tesouro, uma vez que era pesado demais para trazê-lo até ele.

O ferro mágico estava lá, ainda faiscando. Wukong foi adiante e tocou o pilar de ferro com a mão. Tinha cerca de seis metros, ou vinte pés, de comprimento.

– Que arma mais preciosa! Magnífica! – encantou-se Wukong, quase sem fôlego.

Segurou o ferro e, sem esforço algum, puxou-o para fora da terra. Olhou para a arma com admiração, empunhou-a, removeu-a, ergueu-a.

– Ah, se não fosse tão grande e tão longa... – enquanto ele pronunciava essas palavras, instantaneamente, como que obedecendo a seu comando, o ferro reduziu-se para dois pés, pouco mais de meio metro.

Wukong estava maravilhado. Examinou-a em todos os ângulos e descobriu que havia anéis de ouro em ambas as extremidades e uma fileira de palavras no meio, que diziam:

ARMA CONFORME SEU DESEJO
DOIS ANÉIS DE OURO E PESA 6,123 TONELADAS

Wukong ficou eufórico com o achado desse tesouro. Correu de volta ao palácio de cristal do Rei Dragão empunhando com garbo o longo bastão, como se sempre tivesse sido seu.

Ao ver isso, o Rei Dragão ficou terrivelmente assustado com o poder do macaco, seus filhos retrocederam intimidados e todas as bestas recuaram para salvarem suas vidas.

Wukong, em seguida, pediu uma armadura e uma coroa de ouro e um par de sapatos de andar nas nuvens, o que permitia utilizar as nuvens como meio de transporte. Depois que ele estava todo equipado, transformou o cajado para o tamanho de uma agulha de bordado e colocou-o acima da sua orelha.

Como o Rei Dragão não aceitou pagamento, só lhe restou agradecer efusivamente e voltar à Caverna da Cortina de Água.

Macaco no mundo inferior

Os macacos, que estavam esperando na caverna, de repente viram o rei pular para fora da água, todo brilhante, e o aplaudiram em coro:
– Como está magnífico! – exclamaram em uníssono
O Rei Macaco pegou a agulha de ferro com anéis de ouro de sua orelha e contou-lhes as peripécias de como havia chegado até o tesouro e disse:
– Maior... Maior...! Maior!!!
A agulha foi crescendo, crescendo e ficou do tamanho de várias toneladas, como era de sua origem. Wukong correu para fora da caverna e usou seu poder mágico para ficar com 10 mil pés, pouco mais de três quilômetros de altura. Agora, a sua vara podia alcançar o céu e o inferno.
Todos os outros macacos ficaram atordoados de admiração. O rei novamente juntou-se aos outros macacos com seu tamanho normal e comemorou seus novos tesouros em um banquete para todos. Logo os macacos estavam bêbados e Wukong adormeceu à sombra de um pinheiro.
Em seu sonho, dois homens se aproximavam dele e o amarravam e o levavam para o "Mundo Inferior".
– Por que vocês estão levando a minha alma embora? – perguntou Wukong. – Não posso morrer, sou imortal.
Os dois fantasmas não prestaram atenção as suas palavras e continuaram a arrastá-lo para os confins do inferno. O Rei Macaco estava profundamente angustiado. Pegou o cajado mágico da orelha, ampliou-o e lutou contra os fantasmas durante todo o caminho até o castelo do Rei do Mundo Inferior, mesmo no sonho.
O Rei ficou tão assustado com Wukong que fez com que o seu juiz consultasse o livro no qual havia sido registrada a vida e a morte de todas as pessoas. No livro dizia:

"O Macaco de Pedra viverá até os 342 anos de idade."

Ao saber que a sua nova imortalidade não havia sido devidamente registrada no livro do Inferno, o Rei Macaco zangou-se e riscou o seu nome e os nomes de todos os outros macacos do livro. Depois, dirigiu-se diretamente para a caverna.

MACACO RECEBE O TÍTULO DE CAVALARIÇO-CHEFE

Se foi sonho a visita que Wukong fez ao Mundo Inferior, teve efeito de realidade, pois o Rei Macaco causou uma grande confusão no Palácio do Dragão e no Mundo Inferior. Então, o Rei Dragão e o Rei do Inferno subiram aos céus e solicitaram ao Imperador de Jade que o punisse. O soberano celeste ouviu as queixas e enviou o Espírito do Planeta Vênus, um embaixador e conselheiro divino, para trazer Wukong para o céu.

O Espírito de Vênus chegou à montanha com a notícia:
– O Imperador de Jade o chama ao Palácio Celestial para lhe dar uma nomeação imortal.

Não cabendo em si de alegria, Wukong o seguiu para o alto, usando as nuvens como transporte. Alcançou rapidamente os céus, deixando Vênus para trás. Mas foi barrado no Céu do Sul.

– Vim aqui porque fui chamado – disse o macaco em altos brados, já muito alterado, coisa que não fazia com os seus inferiores, mas do céu esperava um tratamento melhor.

– Não se zangue, por favor – falou Vênus, que chegava. – Eles ainda não o conhecem.

E adentraram juntos no Palácio Celestial.

Wukong estava ainda chateado e não cumprimentou com as devidas deferências o poderosíssimo Imperador de Jade assim que esteve diante dele, e o soberano, um tanto ou quanto indignado, nomeou-o para o cargo de "Pi Ma Wen", responsável pelos estábulos imperiais, ao invés de registrá-lo no livro da imortalidade para o qual tinha sido chamado.

Wukong, sem nem ao menos saber do que se tratava, agradeceu sem as devidas mesuras.

O imperador chamou imediatamente um cavalariço que conduziu, com certo espanto, o macaco para lhe ensinar o serviço.

Faceiro por ser um hábito seu não reclamar, Wukong foi direto para seu posto de "Pi Ma Wen". Veria no que iria dar tudo aquilo.

Assim que ele se afastou, o Olho de Mil Milhas, ajudante do Imperador de Jade, disse ao pé do ouvido do soberano:
— Este macaco ainda vai aprontar muito aqui nos céus, como aprontou na terra, Majestade. É capaz de destruir sozinho o palácio celeste. Pôr tudo abaixo — disse isso e saiu satisfeito.

Com bons modos, foi introduzido o macaco no cubículo malcheiroso onde habitaria daquele dia em diante. Era de aprender o que a vida lhe aprontava. Trocou sua roupa de estirpe por uma fedorenta e manteve-se, assim, ocupado preparando os cavalos celestes dia e noite, trabalhando por um mês.

Ocorreu-lhe um dia de perguntar aos demais cavalariços que bebiam e descansavam qual era a posição que ele ocupava nas hierarquias do céu. Usou o seu corpo como escala e fez, com as mãos, a posição mais alta para o Imperador de Jade e a outra posicionou abaixo como se fosse ele. E voltou a perguntar:
— Se este lugar — apontando onde estava a mão de cima — é o lugar do imperador, eu estaria aqui? — mostrando a altura do umbigo.
— Bem... Não... — vacilaram os cavalariços. — Um pouquinho mais abaixo.
— Hã, por aqui? — sinalizou, baixando mais.
— Também não.

E assim foi descendo a mão com sucessivas perguntas que faziam descer o seu ânimo ao ouvir as respostas.

Quando chegou ao pé, só olhou para os outros, sem ao menos perguntar. Eles ficaram mudos.
— Estou assim tão baixo? — atreveu-se a perguntar o macaco.
— Não, não senhor.
— E então...?
— O senhor não está nem mesmo na lista da hierarquia divina.

– Não estou nem mesmo na hierarquia divina? Foi isso que eu ouvi?
– O senhor não está nem mesmo na lista da hierarquia divina. – respondeu o outro tranquilamente.
– Por quê? Estou alto demais? – esperançou-se, num repentino e largo sorriso.
– Porque... bem, senhor. A lista não vai tão baixo. "Pi Ma Wen" é um cargo insignificante, algo como "chefe dos limpadores de estrume de cavalo".

Agora já era hora de o macaco começar a perder a cabeça e o respeito pelo Senhor de Jade. Ficou pálido e perplexo. Era a primeira vez que se sentia impotente. Não era propenso a desânimos, o que era típico, segundo sua visão, de um derrotado por antecipação. Ele que jantara com os grandes agora amanhecia com os cavalos e seus estrumes. Tal foi seu destempero ante esse pensamento que lhe vinha a baila o linguajar típico dos currais. Mas freou a língua. Bastava-lhe calar, no momento, para tentar entender qual o desígnio dos deuses.

Passados alguns segundos, porém, readquiriu como por encanto a audácia e a cor de seu rosto. Mas o olhar não era mais o dele. Estava disposto a mandar os céus e seus governantes todos para o inferno.

– Estrume...? Eu sou o rei da Montanha de Flores e Frutas. Por que diabos estaria eu aqui sujeito a humilhações para adquirir algo que já tenho por direito? Estou pensando cá comigo, que motivos teria este soberano para me sujeitar a isso?

Assustaram-se os demais cavalariços, já arrependidos de ter aberto a boca:
– Calma, calma! – emendaram – Na verdade, é um ótimo ofício para ganhar o sustento, senhor!

Sucederam-se esgares disformes na fisionomia do macaco e nenhum deles amigável, refletindo o desassossego e o descontrole de sua alma indômita e altiva de si. Não tinha vindo em busca de sustento, ora bolas, mas por um motivo muito superior que dizia a respeito à honra do seu povo.

Seus simplórios colegas que não atingiam um ínfimo do que se passava na cabeça dele ofereceram-lhe uma pá nova como consolo.

– Pá nova...?

Ao vê-los com reta intenção de agradá-lo, retribuiu-lhes um sorriso espontâneo. Mas sua cabeça fervilhava com ideias contra o deus de Jade.

Contendo o seu temperamento indômito, freou sua língua para não perturbar a pureza e a inocência daqueles que ocupavam satisfeitos aquela posição. Sairia pela tangente tão logo achasse uma brecha.

Saiu dali como que contente, mas foi se transformando até chegar ao ponto que queria: profanar o solo sagrado e aqueles que o tinham humilhado. Seu espírito pairava sobre suas consciências e via suas almas do que eram feitas. Triturava as mágoas pronto para vomitá-las em hora oportuna. Se não era o momento adequado, poderia ser. Era o único momento que ele possuía. A força dos deuses não era páreo para ele, pois os destroçaria com sua astúcia e magia. Se saísse vivo, seria lucro. Se morresse, viva os urubus, pois comida de igual valor certamente não haviam provado ainda. Por enquanto, o bom era a luta para revidar a desfeita.

Chegou aos deuses que se banqueteavam e, com um grito de guerra, virou a mesa na qual bebiam, pegou o cajado mágico de sua orelha e quebrou tudo o que viu pela frente.

Voltou-se para o lado dos portais de saída do Céu do Sul e abriu caminho a bastonadas, chamando atenção do Imperador de Jade e aterrorizando toda a corte celestial, que se esvaiu do céu como um tsunami que sai do mar. Querer ver o macaco pelas costas soava em uníssono.

Ninguém mais o viu. Deram graças os deuses por terem se livrado de tamanho torvelinho.

Foi-se o macaco sem adeus e sem saudades e seguiu diretamente para sua montanha de origem, com ares de quem retorna ao regaço, por estar com o coração partido.

A recepção feliz dos seus transformou-se em indignação ao ouvi-lo contar a injustiça que sofrera.

Mas, como era de seu feitio, se recompôs logo e, como de sua estabilidade dependia o seu reino, falou:

– Eu voltei, meus filhos, e foi para vê-los felizes e fazer das experiências todas o nosso baluarte para enfrentarmos as dificuldades. Macaco Bonitão não foi feito para correr parado.

Se bem que, no seu pensamento, tinha ímpetos de transformar-se num catastrófico furacão para botar o céu abaixo ao modo de Gong Gong, o deus da água. Desejou com paixão transformar-se, com suas mágicas, num gigantesco dragão, daqueles com fogo nas ventas, para reduzir os céus a fumaça e cinzas, com um único sopro. Insolente e debochado, desdenhou mentalmente das leis e da ordem dos céus. Desqualificou os soberanos celestes, escrachou dos superiores e desafiou os deuses em pensamento.

Ouviu as amáveis manifestações de seu povo, que dizia:

– Você ficou no céu por dez anos. Hoje, você voltou em glória! – honravam-no os seus, com a cabeça encostada no solo.

Ele lhes respondeu:

– Importa o que sou aqui e como vocês me amam e me respeitam. Muito injustos foram conosco os céus, onde não passei de um reles cavalariço. Ora, vejam vocês, o vosso rei um cavalariço.

– Quem fez isso com a nossa majestade merece vingança. Você é inteligente o bastante para ser nomeado "O Maior Sábio" – falaram em altos brados as bocas indignadas.

Wukong achou a ideia dos símios genial e, prontamente, ordenou ao seu servo para colocar um estandarte, exibir o seu novo e honroso título na entrada do seu reino:

SUN WUKON, O REI MACACO BONITÃO,
O MAIOR SÁBIO.

Macaco é caçado, mas derrota Nuocha

No dia seguinte, o Imperador de Jade chamou seus ministros para uma reunião, e um deles falou que o cavalariço supervisor relatou:

– O macaco voltou a sua montanha, porque desgostou da posição que lhe foi designada.

– Aquela insignificância de criatura ousou me desacatar? Desafiar a mim, o soberano dos soberanos?! – indignou-se o Imperador de Jade, em sua solene posição.

Ordenou, então, ao Rei Li e ao seu filho, o Terceiro Príncipe Nuocha, que descessem do céu imediatamente para derrotar o Rei Macaco como um mísero piolho entre as unhas. Deveriam aniquilá-lo.

Obediente, o Rei Li liderou seus exércitos de milhares de soldados para atacar a montanha, tendo como sua sentinela avançada o deus Chu Ling.

Mas Sun Wukong, que não acreditava mais nem nos céus, estava de barbas de molho e já organizado para o que desse e viesse. Quando apontou o Rei Li, Wukong argumentou em defesa de seu povo:

– Eu fui humilhado lá nos céus, sendo que tenho um povo sob minha jurisdição. Consequentemente, humilhavam a todos ao não me valorizarem. Eu tenho poderes infinitos – continuou –, mas o Imperador de Jade me designou para cuidar de estrumes de cavalos. Ninguém me humilha, nem mesmo o Senhor de Jade. Eu virarei o Palácio Celestial do avesso se ele não me conceder o título de "O Maior Sábio".

Enquanto palestravam os dois, os exércitos dos dois lados não aguardaram e passaram a se digladiar. Então o deus Chu Ling empunhou a sua machadinha, e Wukong brandiu seu bastão mágico. No primeiro round, o deus Li teve o machado quebrado em dois, e a vitória foi de Wukong. O deus Chu Ling fugiu desordenadamente e ordenou ao Terceiro Príncipe Nuocha que lançasse um ataque.

– Metamorfose! – este gritou.

Imediatamente, Nuocha ficou com três cabeças e seis braços e atacou violentamente Wukong com seis tipos de armas – uma espada, uma faca, uma corda, um bastão, uma bola e uma roda de fogo.

– Transformação! – gritou Wukong ao ver o perigo, e tornou-se imediatamente munido de três cabeças, seis braços e três de suas varas mágicas de ferro, e ambos lutaram ferozmente por trinta rodadas.

O Terceiro Príncipe rapidamente transformou os seis tipos de armas em milhões de armas, e Wukong fez o mesmo. Além disso, o macaco puxou um pelo de seu corpo, assoprou-o e o transformou em outro Wukong.

Subjugado, Nuocha foi derrotado e fugiu, provando assim mais uma vez a superioridade do macaco, que estava sempre armado de honra e responsabilidade com seu povo.

SÁBIO IGUAL AOS CÉUS CUIDA DO POMAR

Após a derrota que sofreu contra o macaco Sun Wukong, o Rei Li voltou aos céus para pedir reforços. A única sugestão que tinham contra o macaco era massagear-lhe o ego, uma vez que se sentiram incapazes de derrotá-lo.

– Vá lá, concedamos-lhe o título de "O Maior Sábio" – disse o Espírito de Vênus, ao que concordou o Imperador de Jade, dizendo:

– Tragam o Rei Macaco de uma vez por todas para que numa audiência eu lhe conceda o título.

De posse dessa notícia seguiu Wukong, triunfante, o espírito de Vênus de volta ao Palácio Celestial.

Diante do Imperador de Jade, prostrou-se com o devido respeito e ouviu:

– Hoje, concedo-lhe o título de "O Maior Sábio". Esta posição deve ser alta o suficiente para satisfazer-lhe e acalmar esse seu gênio de cão – falou o deus dos deuses.

Além disso, o Imperador de Jade mandou construir um palácio para Wukong ao lado do pomar de pêssegos da Rainha, e ele seria autorizado a cuidar do bosque.

O "Maior Sábio" tomou posse de tudo com o direito que tinha e foi inspecionar o seu pomar.

Era essa a intenção do Rei de Jade para mantê-lo ocupado e deixar os celestiais em paz. Então veio pessoalmente se ocupar disso e, olhando para o pomar, disse-lhe, apontando para a primeira fileira de pessegueiros:

– Somente de três em três milênios essas árvores florescem e frutificam. Esses frutos são imensamente saudáveis.

Então ele apontou para a segunda fileira de árvores e informou:

– Estas florescem e frutificam apenas de seis em seis milênios. São os frutos da juventude.

O Macaco ficou de boca aberta, salivando, pronto a devorar, se pudesse, até os rebentos dessa fruta abençoada e benfazeja.

– A terceira fila de árvores leva 9 mil anos para florescer e dar frutos. Aquele que provar uma, se tornará um ser celestial.

Como era de se esperar, Wukong ficou sequioso para provar os frutos e saltitava quase sem controle, numa irreverência que ficava em desacordo com a solenidade de sua posição.

Ficou ainda sabendo o Rei Macaco que quando alguém comia um destes pêssegos sentia-se renascer, e seus dias seriam contados a partir desta data, amadurecendo a alma com todos os erros passados, já purgados.

Assim alçaria voo para a merecida imortalidade. Wukong visitava o pomar divino todos os dias, e eis que chegou o tempo de maturação dos pêssegos de 9 mil anos. Era a glória, tudo o que ele mais queria na vida. Iria saborear aquele fruto proibido, enganar o deus da Terra e sair do pomar de fininho.

Despiu suas roupas reais, trepou na árvore e comeu todos os frutos que pôde. Daquele momento em diante, muitas vezes ele foi para o bosque desfrutar dos pêssegos celestiais.

Driblou a plêiade celeste e, mais satisfeito que nunca, saiu a fazer todas as travessuras que podia, imune que estava aos ataques celestes e com a imortalidade garantida.

Banquete de pêssegos

Era, enfim, a estação da bem-aventurança, em que amadureceriam os pêssegos tão esperados. A Rainha do Pomar, Xi Wang Mu, anunciou o banquete com a devida pompa e fartura, o que lhe trazia fama de grande anfitriã. Para isso, determinou os passos de todos que receberiam os deuses, e as sete fadas foram encarregadas de colher os frutos do pomar. Não era uma função comum, tal a raridade em que eles amadureciam. Encheram dois cestos dos mais suculentos que pendiam dos galhos da primeira fileira de árvores e três cestos da segunda. Porém, quando se dirigiram às últimas árvores, além de sentirem a falta dos frutos maduros localizaram um pequeno verme em uma folha. Era Wukong. Dormia ele tranquilo depois da farta comilança, mas foi acordado pelas fadas.

Despertou assustado, mas num zás-trás recuperou sua aparência normal e, com o seu cajado mágico na mão, gritou a toda voz:

– Quem se atreve a roubar os frutos do meu pomar?

As sete fadas inclinaram-se numa reverência e esclareceram:

– Obedecemos ordens da Rainha e estamos colhendo os pêssegos para o Grande Banquete.

Nisso, o "Sábio Maior Igual Ao Céu" perguntou:

– Sabem se fui convidado para o tal banquete?

– Foram convidados todos os deuses de todos os palácios – responderam as fadas.

– Não cansaram de afrontar-me, esses presunçosos, e talvez tenham esquecido da minha força. Mostrá-la-ei em breve – e, na sua ira, não viu outra alternativa que não atrapalhar a festa deles.

Usou de sua magia sobre as fadas para que adormecessem e voou direto numa nuvem para o salão de jade da Rainha, aonde chegou num piscar de olhos.

Aquilo, sim, é que era banquete, pensou, tantas especiarias, incluindo fígado de dragão, tutano de fênix, vinhos fortes... Salivou com tremendo prazer, mas não iria comer sozinho. Puxou, então, um pelo de seu corpo e transformou-o em um enxame de insetos voadores que invadiram a mesa. Com seu poder, atacaram os seres celestiais e os fizeram tombar em profundo sono. Então Wukong comeu e bebeu como se fosse o único dono da festa.

Mesmo bêbado, deu uma última olhada nos deuses caídos sobre seus pratos sem terem ingerido nada e seguiu cambaleando até o templo de Shui Tou de T'ai-shang Lao Zi (o tradicional fundador do taoismo) e o encontrou vazio.

O Maior Sábio entrou em uma peça onde se fazia os elixires da imortalidade e encontrou cinco cabaças que continham um lote fresco das poções.

– Vejo que este é o meu dia de sorte! – exclamou Wukong, alegremente. – Não vou perder a chance de simplesmente provar o sabor deste maravilhoso elixir – e despejou o líquido mágico das cabaças e entornou todos num longo gole.

Deu um revertério no seu estômago e intestino, passando a bebedeira no ato, e conseguiu ver com clareza o que havia feito no dia e concluiu:

"Acho que abusei de todas as formas hoje. Vou descer as montanhas e vejo que o céu não é meu lugar. É mais adequado para mim ser rei do que ser sábio. Pois não fui nada sábio hoje."

Com isso, ele se disfarçou e fugiu com dois jarros de vinho. Quando viram o seu Rei, os macacos exclamaram, em calorosa recepção:

– Grande Sábio, retornou, finalmente, após estar nos céus por centenas de anos. A que elevada posição o designaram os deuses desta vez?

O Rei Macaco dividiu o vinho com eles enquanto contava suas peripécias, incluindo as desventuras, pois os erros deviam sempre servir de exemplo para os futuros acertos. Mas o que mais encantou os seus súditos foi o fato de ele ter surrupiado os frutos e elixires da imortalidade.

Macaco é caçado por ter acabado com o festim dos deuses

Quando passou o efeito da magia do macaco sobre as fadas, estas rumaram sem perda de tempo até o palácio da Rainha do Pomar e relataram aos deuses já despertos as abusivas atitudes do Sábio Maior.

– O Rei Macaco devorou todos os pêssegos da árvore que frutifica a cada 9 mil anos – comunicaram elas. – Tudo por não ter sido convidado para o festim dos deuses.

Conversavam sobre esse assunto quando chegou um guarda informando que o macaco não se encontrava no palácio. Além disso, soubera que ele havia bebido todo o elixir do templo.

– Que espírito turbulento tem essa criatura – comentou um deus.

– E briga até sozinho – disse outro.

– E se ofende por nada e desaparece por nada – comentou um deus que vivia no tédio e não entendia um espírito compulsivo igual ao do macaco.

O Imperador de Jade, depois das ofensas e reclamações ouvidas, ainda meio sonolento, sem forças de sentir toda sua justa raiva, concluiu que deveria fazer parar os desmandos deste macaco abusado.

– Quem ele pensa que é? – e ordenou que todos os exércitos de todos os reinos se reunissem para dar-lhe uma merecida lição.

Faziam parte dessa missão o Rei Li, o Terceiro Príncipe Nuocha e uma tropa de 100 mil soldados celestes que saíram para atacar Wukong e, tão logo chegaram, cercaram a Montanha de Flores e Frutas com dezoito colossais redes.

O Rei Macaco já previa uma luta descomunal de todos os reinos e, apesar de achar que ele próprio já tinha abusado demais, preparou-se para recebê-los à altura, uma vez que seus súditos não tinham culpa de suas traquinagens.

Na boca da Caverna da Cortina de Água, o Rei Macaco preparou, administrou e ordenou os seus exércitos contra os deuses do céu.

Os adversários chegaram como um furacão, mais um tufão, mais um vulcão, mais um tsunami, fazendo toda barulheira a que tinham direito e com a intenção de amedrontá-los mais do que de destruí-los.

Foi uma luta épica de forças descomunais que durou desde o amanhecer até o pôr do sol.

Quando escureceu, o Macaco colocou um punhado de seus próprios pelos na boca. Mastigou-os em pedaços e gritou:
– Metamorfose!

E o macaco cresceu e multiplicou-se. Cada fiapo de pelo tornou-se outro Wukong, todos lutaram incansavelmente contra os deuses com seus bordões mágicos e ninguém sabia qual era o verdadeiro para destruí-lo.

Todos os exércitos celestes juntos não conseguiram derrotar todo o bando de macacos Wukong.

Diante da luta infrutífera para destruir o Rei Macaco, o Imperador de Jade reuniu-se com seus ministros e conselheiros de competência de guerra para encontrar uma nova estratégia.

O Kuan-yin, o Iluminado da Compaixão, do Mar do Sul, sugeriu alguém competente para essa missão:
– Estou certo de que o sobrinho de Vossa Majestade, o deus Erh-lang, é páreo duro para este macaco e poderá trazê-lo a cabresto.

O Imperador de Jade convocou-o, então, e ordenou que todos deveriam ficar sob seu comando.

Transportou-se o deus Erh-lang com seu exército e se postaram todos diante da Caverna da Cortina de Água. Bateram em seus tambores anunciando a guerra, e o macaco viu tremularem as bandeiras e os seus estandartes.

Milhões foram os ataques e contra-ataques do Rei Macaco com o deus Erh-lang. Já cansado, este apelou para a magia e ficou com dez mil pés de altura.

"Não seja por isso", pensou o macaco, e se fez tão alto quanto o inimigo. Ergueu, então, o seu bastão para atingir o deus, mas os seus generais lançaram seus falcões e cães, também atirando flechas para dentro da caverna, fazendo os macacos fugirem para todas as direções.

Tentou chamar seus soldados para a luta, mas em vão.

Sentiu-se o macaco desanimar ao ver que esta luta não beneficiava os seus súditos e desistiu dela com uma alternativa covarde: a fuga.

As metamorfoses do macaco e Erh-lang

"Fugir também é uma ação", pensava o macaco na sua corrida, a título de consolo, "o que não dá é para ficar paralisado de medo". – Para onde pensa que vai? – gritou o deus Erh-lang, correndo no seu encalço. – Renda-se ou morra, verme! Mas o macaco não havia nascido para ser comandado, aliás, nem havia nascido, e acelerou ainda mais a corrida até desaparecer. A posteridade diria se acertara ou não. Mas os incultos quando creram por intuição acertaram sempre.

Quando chegou aos portões da caverna dos macacos, no entanto, não conseguiu passar, pois seu cajado mágico estava grande demais. Rapidamente, Wukong encolheu-o e colocou-o atrás da orelha. Transformou-se em um pardal e voou longe até alcançar o topo de uma altíssima árvore. Dali assistia menos pressionado para ver a realidade.

Quando o deus Erh-lang chegou à entrada da caverna, reconheceu o pardal como Wukong e transformou-se, em contrapartida, em um falcão faminto e voou atrás dele para o topo da mesma árvore.

Wukong virou de pardal para corvo e tentou sumir no ar. Erh-lang tomou a forma de uma imensa grua do mar e perseguiu o corvo ferozmente. Este mergulhou em um riacho e transformou-se em um peixe. Erh-lang vasculhou as águas, mas não conseguiu encontrar o inimigo.

"Deste riacho ele não escapa", murmurou o deus para si mesmo, e logo era uma águia-pesqueira.

Mas Wukong, que tudo via no espelho da água, também já era uma cobra e rastejou para as margens.

O atilado Erh-lang percebeu que a cobra era Wukong e mudou de rumo em direção à grua do mar para pegar a cobra. Mas, quando ia apanhá-la, a serpente transformou-se em um ganso selvagem e ficou na margem das águas.

Erh-lang retomou sua aparência normal, pegou um estilingue para atirar no ganso selvagem, mas a ave deu um voo rasteiro e quedou-se em um penhasco próximo.

Assim que alcançou o sopé do precipício, virou um grandioso santuário. Sua boca escancarada cheia de dentes era a porta, os seus olhos os gradeamentos das janelas e sua cauda um mastro de bandeira posta atrás do templo.

Quando Erh-lang chegou ao fundo do precipício, olhou atentamente para a construção.

– Estranho – disse ele –, colocaram o mastro da bandeira atrás do templo, em vez de em cima. Este deve ser o macaco com um de seus truques. Pretende me morder, quando eu entrar. Vou destruir as grades e chutar as portas.

Wukong ficou surpreso ao ouvir as palavras do deus Erh--Lang e pensou:

"Eu não posso ter meus dentes quebrados e os olhos esmagados".

De um segundo para o outro, mudou-se de forma, voltando ao normal. Deu um salto fenomenal e desapareceu no azul do céu.

O deus Erh-lang partiu para o novo ataque, perseguindo-o céu adentro, de nuvem em nuvem, com o espelho encantado do Rei Li para localizá-lo. Este voava em direção à boca do rio Kuan.

Acima do rio, Wukong tomou a forma do inimigo, o deus Erh-lang, e correu direto para um templo próximo. Os fantasmas do templo cumprimentaram-no respeitosamente e, quando Wukong estava sentado observando os incensos queimando, um fantasma entrou para anunciar:

– Outro deus Erh-lang chegou!

O verdadeiro deus Erh-lang correu para o templo com a sua espada mágica em punho. Wukong retornou a sua própria aparência e os dois lutaram furiosamente até que a batalha os trouxe de volta à Montanha do macaco.

Muito acima da Montanha, o Imperador de Jade, sua rainha, Kuan-yin do Mar do Sul, e Lao Zi assistiam à épica batalha.

– Vou ajudar Erh-lang – ofereceu-se Lao Zi.

Removeu, então, um grande anel de diamante do seu dedo e jogou-o para baixo do céu. Wukong, que estava totalmente absorto na luta, não esperava por uma nova ameaça dos céus. O anel atingiu sua cabeça, ele tombou no chão e, neste estado de fragilidade, foi mordido por um dos cães de Erh-Lang.

O anel de diamantes foi de pronto transformado em uma corda, que rapidamente o amarrou.

– Traidor mesquinho! Verdadeiros heróis jamais esfaqueiam pelas costas – disse o Rei Macaco, de cabeça erguida e com um sorriso no rosto peludo.

O macaco abusava da sorte porque se considerava imbatível, e suas atitudes exasperavam cada vez mais os senhores celestiais.

Macaco não pode ser executado e é posto no forno

O Rei Macaco chegou novamente ao Palácio de Cristal, mas de uma forma não habitual. Foi arrastado pelos exércitos celestiais e amarrado a um poste diante do Imperador de Jade. Este ordenou:
– Que seja esquartejado.
Lembraram-lhe os outros:
– Nem espada nem lança poderá ferir ao menos um fio de seu cabelo. Lembre-se de que ele é um imortal.
– Já que ele comeu do fruto e bebeu do elixir da imortalidade a mais do que a medida e bebeu do vinho mágico, não poderá ser facilmente morto. É melhor colocá-lo dentro do forno e, quando seu corpo for queimado, os elixires que ele consumiu serão deixados nos fundos.

Propuseram isso os deuses, pois não havia outra alternativa para exterminá-lo. Lao Zi arrastou Wukong para o seu próprio Palácio Shuai Tou e o empurrou para dentro do forno, ordenando aos guardiões que atiçassem as chamas na potência máxima.

Wukong foi mantido no fogo por 49 dias. Lao Zi estava prestes a abrir o forno quando o Rei Macaco pulou para fora, mais vivo do que nunca, devido aos foles que atiçavam as chamas. Ele permaneceu diante da ventilação afastando as chamas, que não o atingiram, mas não ficou imune à fumaça que irritou seus olhos, saindo de lá como um demônio, de tão vermelhos que eles estavam.

Como uma reação prévia de ataque, saltaram os guardiões sobre ele que, facilmente, livrou-se de todos e abateu de um só golpe Lao Zi.

Sentindo-se o herói da vez, pigarreou, olhou para os lados, passou a mão na cabeça como se fosse coçá-la, mas num repente sacou do seu bastão, transformou-o e fê-lo crescer com tal dimensão que rompeu a abóboda celeste, causando uma destruição massiva.

E ninguém mais ousou detê-lo, nem os deuses nem os quatro grandes reis celestiais.

MACACO X BUDA

Chegou num ponto em que Wukong era o ponto nevrálgico das dimensões celestiais, pois todas as formas de detê-lo já tinham sido esgotadas sem efeito algum. Cabia agora chamar um iluminado de outra dimensão.

Apelaram para Buda, considerado o mais iluminado dentre todos. Este atendeu naturalmente o pedido, deixou o Templo Lei Yin e partiu para o Palácio Celestial, acompanhado por dois deuses e certo de que cumpriria a missão para que fora chamado.

Essa decisão fez emanar de Buda uma energia tão poderosa que transportou o seu qi para barrar o macaco. Este, sentindo-se enleado, gritou para o nada.

– Quem se atreve a me parar?

– Eu sou o Buda do Paraíso Ocidental – respondeu uma voz, materializando-se em uma entidade.

– Eu sou Sun Wukong – apresentou-se o macacão –, o Rei Macaco Bonitão da Montanha da Caverna das Águas das Flores e dos Frutos, o Imortal, o Maior Sábio e conquistador de todos os céus. Exijo agora o título de Imperador dos Céus – ordenou ele, cheio de si.

Mansamente respondeu-lhe Buda:

– E o que o faz pensar que você é justo e inteligente o bastante para ser um imperador?

– Todos os bons que provaram isso devem ter esta chance – respondeu Wukong. – Eu dominei as 72 transformações, as formas de imortalidade e a cambalhota mágica ao redor do mundo e ultrapassei todas as qualificações para ser o único imperador.

– Então, com todos esses poderes, você será capaz de saltar fora da palma da minha mão – perguntou-lhe o iluminado.

– Facilmente – respondeu intrépido o macaco.

– Se você o fizer, obterá o título de imperador do céu por meu intermédio, garanto-lhe – falou o Buda com uma voz profunda, convincente e serena como jamais o macaco tinha ouvido até então. – Se não o fizer, é a prova de que terá que deixar os céus e praticar mais as suas habilidades.

– Trato feito! – saltou o macaco antes que o outro acabasse as últimas sílabas.

"Este Buda se acha tanta coisa, mas é um bundão, me propondo uma coisa que até um infante faria", pensou Wukong, rindo-se para dentro.

Olhou para a mão do outro, mediu-a com os olhos e fez o seu plano de aumentar de tamanho e saltar para fora.

– Você vai manter a sua promessa? – Wukong perguntou, desconfiado.

– Sim, naturalmente – respondeu Buda com voz confiável, espalmando a mão direita, que era do tamanho de uma folha de lótus.

Wukong colocou o seu cajado comprimido em sua orelha e saltou para a palma do Iluminado, dizendo, confiantemente:

– Lá vou eu!

Deu um salto mortal, mais um e mais um, exibindo-se num delírio de grandeza, atingiu as cinco colunas cor de rosa que chegavam até o céu que uma nuvem esfumava.

"Eu devo ter chegado ao fim do universo", pensou a girar, "O Palácio Celestial já é meu quando eu voltar. Mas antes disso, eu vou deixar aqui a minha marca para provar por onde andei."

Puxou, da cabeça, um fio de cabelo e transformou-o em uma caneta. Na coluna central, ele escreveu:

O REI MACACO BONITÃO, HOJE O MAIOR SÁBIO, QUE DOMINOU OS CÉUS E JÁ LHE RENDEU O TÍTULO DE IMPERADOR CELESTIAL, ESTEVE AQUI.

Depois disso, mirou um jato de urina na primeira coluna e ainda se pingando deu cambalhotas à deriva, pensando em retornar ao ponto de partida.

Ei-lo diante de Buda novamente, crente de seu retorno seguro e, mais ancho do que nunca, gritou vitorioso:

— Eu sou o maioral! Voltei do fim do universo e exijo que me entregue o Palácio Celestial.
Olhando-o com imensa compaixão, Buda repreendeu-o:
— Pobre e ingênua criatura. Você se iludiu. Nunca pulou para fora da minha mão — e falava com tanta bondade que o macaco se dignou a baixar a cabeça e percebeu que a sua tão presunçosa frase fora escrita no dedo médio de Buda e que toda a mão exalava o cheiro forte de urina de macaco.

De súbito ficou hirto pelo impacto da descoberta e, chocado, perguntou:
— Que viagem foi então essa que eu fiz? Em que desvario você me meteu? Devo tentar de n...!
Mas a mão de Buda já tinha se virado e o jogado conforme o acordo para fora da porta do Reino Celestial fazendo-o voar sem destino.

Os dedos de Buda agora se transformaram em cinco montanhas de ouro, madeira, água, fogo e terra, que juntos foram chamados de a Montanha dos Cinco Elementos.

Vencido e consciente disso, o agora só macaco foi mantido prisioneiro entre estas cinco montanhas.

Sem nem esperar reconhecimento, Buda partiu e retornou aos portões do Céu Ocidente, mas não sem antes recomendar o macaco ao deus da Terra e outros deuses, para que cuidassem dele:
— Deem ao prisioneiro comprimidos de ferro para comer e suco de cobre para beber — e, voltando-se para o macaco, esclareceu-lhe que quando ele houvesse sofrido e aprendido o que deveria sofrer e aprender alguém viria para resgatá-lo.

Passados quinhentos anos, o macaco foi resgatado pelo Mestre San Tsang, da dinastia Tang, que passava por ali em seu caminho para o paraíso ocidental e aceitou-o como discípulo.

Wukong pediu que o deixasse longe das montanhas e o mestre lhe concedeu, mas foi surpreendido com um alto som semelhante a uma explosão na montanha. Era o salto do macaco para sair da mão do Buda.

Impressionado, o mestre o levou para o Paraíso Ocidental e deu-lhe um novo nome. Fizeram assim a peregrinação das escrituras budistas e deixou o macaco lá, dentro de sua caixa de pedra, por quinhentos anos.

A China passava por um período de convulsões devido a brigas por coisas materiais em função da ganância. Poucos haviam assimilado seus ensinamentos, que encorajavam as pessoas a terem compaixão.

A partir de então, cada pessoa teve acesso às Sagradas Escrituras, e as pessoas aprenderam a deixar de lado a avareza e seguir o caminho de Buda, assim como o caminho do Tao, vivendo em harmonia durante séculos.

Ficaram, desse modo, os ensinamentos de Buda abertos para todo o universo à espera das pessoas de boa vontade, e o mundo se voltou para a busca deles até hoje, sentindo quase que uma necessidade para completar a elevação do espírito no aprendizado do amor.

FIM

Glossário

Andeng – Princesa, mãe de Chen Nong, que ficou grávida de um dragão divino.

Aolai – Local onde se encontrava a Caverna da Cortina de Água e habitava o Rei Macaco.

Baishe Zhuan – Conto romântico que se passa em Hangzhou envolvendo uma cobra que se metamorfoseia em humana e se apaixona por um homem.

Ban Quan – Imperador Amarelo.

Bando meteorológico – Conjunto de deuses que orquestrava os fenômenos atmosféricos. Eram Dian Mu, a Mãe do Raio; Yun Tong, o jovem que chicoteava as nuvens; Yu Zi, o mestre da Chuva, que causava aguaceiros; e Feng Bo, o ancião do vento, que fazia ventania com foles.

Bao – Pão doce, em chinês.

Baxian – Os Oito Imortais.

Beiji Dadi – Senhor soberano das estrelas.

Bi Gan – Deus da fortuna, representado montando num tigre e usando uma vara de pescar. É muitas vezes confundido com "Wu Cai Shen".

Bian Taishan – Xamã da Dinastia Zhou.

Bing – Panqueca, em chinês.

Buda – Ser Iluminado. Patriarca Imortal que fundou o budismo.

Cabeça de Boi e Cara de Cavalo – Mensageiros guardiões das portas do Inferno que escoltam o morto até os Dez Tribunais, onde o recém-chegado será pesado, julgado e punido de acordo com as leis do Inferno.

Caminho do Silêncio – Envolve preservar a essência, abster-se de grãos, praticar o silêncio, a inação, a meditação, comer comida vegetariana, realizar exercício durante o sono ou desperto, entrar em transe e permanecer em isolamento.

Cangjie – O inventor dos caracteres chineses e herói cultural.

Cao Guojiu – Um dos Oito Imortais, o pária real.

Carpe Noctem – Em latim, aproveitem a noite.

Cavalariço-Chefe – Cargo depreciativo dado ao Rei Macaco.

Caverna da Barriga de Água – Que alimenta os Cinco Elementos.

Chang'e – Deusa que passou a habitar na lua, esposa do Grande Arqueiro Celeste que eliminou nove sóis e foi punida, juntamente com ele, com a perda da imortalidade.

Changxi – Mãe das doze luas.

Chen – Seres divinos que habitavam a montanha.

Chen Nong – O Imperador das Chamas e primeiro médico, criador da acupuntura.

Chi – Medida de comprimento da China antiga. Dez chi equivaliam a 3,33 metros.

Chi Sung Tzu – Deus da Chuva.

Chi You – Deus da guerra e inventor das armas de metal.

Chiang – Rio da China.

Chih'nu – Sétima filha do Imperador de Jade, que tecia nuvens coloridas.

Chiho – Deusa que conduzia a carruagem que levava os sóis, um por vez.

Ching Te – Um dos dez sóis.

Cinco Imperadores – Soberanos lendários, são eles: Shaohao ou "Bárbaro do Leste"; Zhuanxu, neto do Imperador Amarelo; Ku, bisneto do Imperador Amarelo e sobrinho de Zhuanxu; Yao, Filho de Ku e tataraneto do Imperador Amarelo; Shun, que tomou a seu cargo o posto de Yao.

Coelho de Jade – Habitante da lua.

Colina do Pêssego Macio – Lugar onde o Rei Macaco foi aprender o caminho com um patriarca.

Confúcio – Filósofo chinês que criou o confucionismo.

Corvo de Ouro – Espírito do Sol.

Da Yu ou Yu, o Grande – Neto do Imperador de Jade e primeiro Imperador da Dinastia Xia. Venerado pelos chineses por tê-los ensinado a controlar as inundações depois de ter passado quase toda sua vida em busca da solução para esse problema.

Daiyu – Uma das quatro ilhas paradisíacas.

Danzhu – Aconselhado a suceder o trono de Yao, mas considerado inapto.

Daoji – Monge budista que se tornou um deus, durante a Dinastia Sung, devido a suas boas ações em vida.

Demônio da Confusão – Criatura que anda nos ventos e trovões e ninguém sabe a morada.

Deus dos Ventos Quentes – Aquele que trazia prejuízo às lavouras.

Deus Dragão Coruja Azul – Deus do Trovão e da Tempestade.

Deus Shu Ling – Sentinela avançada do Rei Li.

Dharma – Leis Naturais.

Di Jun – Um dos deuses supremos, esposo da mãe dos sóis e da mãe das luas.

Di Yan – Deus do Sul, um dos quatro imperadores.

Dian Mu – Esposa de Lei Gong.

Dilong – Dragão da Terra.

Dinastia Tang – Do período 618-907 e fundada por Sui Li Yuan, oficial pertencente à dinastia que havia reunificado a China entre 581 e 618.

Dizang – Aquele que salva da morte.

Doze Palavras – Largo, Grandioso, Sabedoria, Inteligência, Verdade, Semelhança, Natureza, Mar, Brilhante, Desperto, Completo, Iluminado.

Dragão Amarelo – Um dos quatro dragões do Mar Oriental.

Dragão Chinês – Uma das mais respeitadas e poderosas divindades do panteão de deuses chineses, regulador de todas as águas.

Dragão Long – Um dos quatro dragões do Mar Oriental.

Dragão Negro – Um dos quatro dragões do Mar Oriental.

Dragão Pérola – Um dos quatro dragões do Mar Oriental.

Épico da Escuridão – Coletânea de lendas em forma de poesia épica, de autoria atribuída a Hei'na Zhuan.

Erh-lang – Deus sobrinho do Imperador de Jade.

Erlang Cheng – filho do Rei Celestial do Norte.

Erlang Shen – Deus que possui um terceiro olho na testa que enxerga a verdade. É representado empunhando uma espada de três pontas para subjugar espíritos malignos e acompanhado de seu fiel ajudante, o Cão Celestial Sagrado.

Estrela Polar – Estrela que se encontrava no ponto mais alto.

Fangzhang – Uma das quatro ilhas paradisíacas.

Feng Po Po – A Madame do Vento, que tomou o lugar do ancião do vento.

Fenghuang – Fênix da China.

Festival de Meio de Outono – Celebração da colheita que ocorre em meados de setembro.

Florestas e bambuzais – Originados dos cabelos e barbas de Pangu.

Fragrância de Mantingfang – Música que um lenhador aprendeu de um imortal.

Fu Xi – Deus herói, irmão da deusa Nu Wa e grande inventor. Entre suas invenções está a escrita. Ele desce à terra e ensina habilidades de sobrevivência ao povo chinês.

Fucanglong – Dragão do mundo subterrâneo que provoca a erupção de vulcões. Guardião dos tesouros que estão sob a terra.

Fusang – Árvore de pousada dos sóis.

Fuxing ou Fu Cheng – Um dos Xingsan, um dos três deuses da boa sorte.

Gao – Rosquinha, em chinês.

Gao Yao – Deus da justiça e do julgamento.

Gong Gong – Deus da água, responsável pelas enchentes e inundações e pela mudança de movimento do sol e da lua. Lutou com seu pai, o deus do fogo, e foi derrotado.

Grande Caminho – Modo de aperfeiçoamento da Conduta.

Grande Lago – Absorvido pelo gigante Kua Fu na sua imensa sede ao perseguir o sol.

Grou – Ave de grande porte que substitui o Qilin.

Gruta Cortina de Água que Leva aos Céus – Entrada da caverna do Rei Macaco.

Gu Sou – Chamado de Velho Cego e pai de Shun.

Guan Yin, ou Kuan Yin – Deusa da compaixão.

Guan Yu – Deus das Associações das artes marciais e deus da guerra.

Gun – Filho do Imperador Amarelo.

Guo Ziyi ou Kuo Tzui – Herói que derrotou os turcos da Dinastia Tang.

Han Ba – Deusa da seca.

Han Xiang Zi – Um dos Oito Imortais, o filósofo voador.

Hao Shao – Deus do Oeste, um dos quatro imperadores.

He Xiangu – Um dos Oito Imortais, a flor imortal.

Hei'an Zhuan – Significa "Épico da Escuridão", coleção de lendas em forma de poesia épica, que vai desde o nascimento do criador Pangu até a era histórica. Foi preservada pelos habitantes da região montanhosa de Shennongjia em Hubei.

Hi – O Arqueiro Divino que eliminou os nove sóis.

Hotei – Popular divindade budista que representa a alegria e a fortuna.

Hou Ji – Deus da agricultura e fundador do povo Zhou.

Hou Yi – O Grande Arqueiro que foi punido pelos deuses com a perda da imortalidade e banido dos céus de Tian, juntamente com sua mulher Chang'e, devido ao fato de ter eliminado nove sóis.

Hu – Espécie de macaco que come sementes de pinheiro.

Huang – Significa Amarelo.

Huang Di e Zeao Ju – Irmãos de Yan Di. Ambos nasceram quando raios circulavam a Ursa Maior.

Huang Long – Dragão Amarelo conhecido pela sua sabedoria.

Huangdi – Imperador.

Húbris – Aumento desordenado do ímpeto de poder.

Huli jing – Espíritos de raposa, bons ou perversos, que podem se metamorfosear em humanos.

Hung Shing – Administrador da província de Pun Yue, a atual Guangdong. Após a sua morte, foram construídos inúmeros templos em sua honra, por ele ter estimulado os estudos de geografia e astronomia e melhorado as condições de vida da população, em especial dos pescadores.

I Ching – Antiquíssima obra, chamada "O Livro de Mudanças", usada para predizer o futuro, ao modo do oráculo.

Ícaro – Personagem da mitologia grega que pretendeu alcançar o sol com asas de cera e se espatifou no solo.

Ime – Exame de concurso imperial.

Imperador de Jade – Deus dos deuses. Soberano Supremo, cotado entre as principais divindades taoistas e que possui mais títulos de honrarias dentre todos os deuses do panteão chinês.

Império das Trevas – Caos de onde surgiu a luz.

Inferno de Diy – Um dos domínios do Imperador de Jade.

Jade, pedras sagradas e pérola – Originadas da medula e dos dentes de Pangu.

Jambu – Continente Sul.

Jian – Pássaro de somente um olho e uma asa que, por esse motivo, só pode voar acompanhada de seu par. Assim, o casal permanece inseparável, representando o macho e a fêmea ou o yin e yang.

Jiang Shi – Vampiros chineses que sugam a essência vital (o qi) de outros seres.

Jiang Yuan – Mortal que engravidou ao colocar seu pé num colossal rastro de gigante.

Jiao – Dragão sem chifre que vive em pântanos.

Jingwei – Pássaro mítico que tenta encher o oceano com gravetos e seixos. Era a filha do Imperador Yandi, mas morreu jovem, afogada no Mar do Leste. Decidiu renascer como um pássaro para vingar-se do mar, trazendo gravetos e seixos das montanhas próximas para soterrá-lo, evitando, assim, os naufrágios.

Jiu Tou Niao – Ave de nove cabeças que sequestra donzelas e as leva para sua caverna, onde permanecem até serem resgatadas por um herói. É utilizada para assustar crianças.

Jornada ao Oeste – Romance mitológico de autoria do chinês Wu Chengen (1500-1582). Surgida na Dinastia Ming, por volta de 1570, a lenda conta a peregrinação do monge Xuanzang para a Índia em busca de escrituras sagradas do budismo, com também a história de Sun Wukong, o Rei Macaco Bonitão.

Kirin – Ver *Qilin*.

Kua Fu – Gigante que um dia decidiu descobrir para onde o Sol ia e à noite pretendeu subjugá-lo.

Kuan – Rio em que o Rei Macaco mergulhou para se transformar em peixe.

Kuan Yin – Deusa da compaixão.

Kuang Zhi Lian – Riquíssimo mercador avarento que foi punido por um imortal.

Kuan-yin – Iluminado da Compaixão, do Mar do Sul.

Kuei Hiu – Ilha no extremo norte do mar de Bohai protegida por névoas e que faz parte das quatro ilhas: Fangzhang, Yingzhou, Daiyu e Yuanjião.

Kuen Luen – O mesmo que Kun Lun, onde se encontrava o palácio celestial e o tesouro Xirang.

Kui – Monstro mitológico perneta, semelhante a um boi.

Kui Xing – Deus dos exames e auxiliar do deus da literatura, Wen Chang, e o mais feio dos deuses. É retratado sobre uma tartaruga segurando um pincel de escrever.

Kun – Peixe monstruosamente gigante com poder de se transformar em pássaro e voar seis meses sem parar. Com um bater de asas cruza a distância de várias milhas.

Kun Lun – Altíssima montanha que fica além dos pontos cardeais, na extremidade do mundo, onde, entre outras coisas, acasalaram os deuses Fu Xi e Nu Wa.

Lan Caihe – Um dos Oito Imortais, o bêbado desorientado.

Lang Da Zi – Deus que engoliu a primeira gota d'água do universo e morreu. Seu corpo foi separado em cinco formas, ou elementos: Metal, Madeira, Água, Fogo e Terra.

Lao-Tsé – Filósofo chinês.

Lei Gong – Deus do trovão. Mortal que virou divindade quando encontrou um pessegueiro que subia até os céus e comeu um de seus frutos. Transformou-se instantaneamente num deus com asas e recebeu uma maça e um martelo que poderiam criar trovões e tempestades.

Lei Zhen Zi – Filho do Trovão, nasceu de Lei Gong e de Dian Mu, originado de um ovo numa tempestade.

Lei Zu e Wen Zhong – Ministro da Dinastia Zhou, chefiava o ministério do trovão. Tinha três olhos, e a sua luz vinha do terceiro olho. Montava um Qilin preto.

Li – Dragão sem chifre que habita os mares menores.

Li – Medida chinesa de comprimento, igual a meio quilômetro.

Li Bing – Herói que enfrentou o deus do Rio e salvou as virgens do sacrifício.

Li Jing – Deus dos exércitos convocado pelo Imperador de Jade para deter Sun Wukong, o Rei Macaco.

Long Ma – Animal semelhante ao Qilin (vide *Qilin*).

Long Mu – Chamada de Mãe dos Dragões por ter criado cinco desses fantásticos animais, que nasceram de um ovo que ela havia encontrado às margens de um riacho onde lavava roupa. Criou-os e alimentou-os com peixes que pescava no rio. A princípio, ela acreditou serem serpentes. Os aldeões ficaram tão satisfeitos com seu feito que, a partir desse dia, passaram a chamá-la de "Mãe dos Dragões". Esse fato chegou aos ouvidos do Imperador Qin Shihuang, que lhe enviou presentes e a convidou a fazer-lhe uma visita no palácio imperial. Ela agradeceu, mas não compareceu devido a sua idade adiantada.

Long Wang – Título de dragão acrescentado ao deus Lei Gong.

Longmen – Portão do Dragão, pelo qual uma carpa se transforma em dragão ao passá-lo.

Long-po – País de gigantes, os condes dragões.

Lu Dong Bin – Um dos Oito Imortais, o recuador tático.

Luduan – Fera que detecta a verdade. Devido a este seu dom, os Imperadores da Dinastia Qing e Qianlong abarrotavam seus tronos com sua imagem.

Lung Tik Chuan Ren – Descendente de dragão.

Luxing ou Lu Hsing – Deus dos salários e honras.

Mantingfang – Conjunto de verdades taoistas sobre o Caminho.

Matsu – Deusa do Mar, também conhecida como Rainha do Paraíso, dentre outros inúmeros títulos honrosos.

Meng Po – Deusa do esquecimento e aquela que faz o Chá de Cinco Sabores do Esquecimento, para dar às almas das pessoas que vão reencarnar com o intuito de que esqueçam suas vidas passadas.

Mestre San Tsang – Aquele que resgatou o Rei Macaco da punição do Imperador de Jade.

Mian – Massa, em chinês.

Montanha Cardeal do Oeste – Originada dos pés de Pangu.

Montanha Central – Originada do ventre de Pangu.

Montanha do Norte – Originada do braço direito de Pangu.

Montanha do Sul – Originada do braço esquerdo de Pangu.

Montanha Kua Fu – Inspirada no herói do mesmo nome.

Monte Riyue – Lagoa onde se banhavam as luas.

Monte Yuluo – Montanha onde viviam em cavernas cinco clãs em desarmonia, cada um com um deus.

Mu Gong – O Senhor Real do Oriente e a personificação do yang.

Nezha ou San Taizi – Terceiro filho de Li Jing, general da Dinastia Tang e chefe do exército celeste. É encarregado de levar ao bom caminho os espíritos perversos que contrariam as vontades divinas e atormentam os homens. Corre a lenda que nasceu após uma gravidez de três anos, em uma bola de carne que seu pai, enfurecido, partiu com uma espada, fazendo surgir o filho, totalmente armado. É representado empunhando uma lança e possui rodas de fogo sob os pés que lhe permitem flutuar no ar e levar o anel cósmico com o qual matou os filhos do rei dragão. Tem a aparência e o temperamento de uma criança caprichosa.

Nian – Fera que vive no fundo do mar e que vem à Terra no ano novo com o intuito de devorar as pessoas. Para afastá-la, os chineses pintam tudo de vermelho, estouram fogos de artifício, batem tambores e dançam.

Niu Lang – Vaqueiro, marido de Chih'nu, filha do Imperador de Jade.

Nu Wa – Deusa serpente criadora do universo e irmã de Fu Xi. A Grande Mãe da humanidade, que espargiu nos seres assexuados o yin e o yang, criando o macho e a fêmea.

Nuocha – Terceiro Príncipe do céu, filho do Rei Li.

Oito Imortais — São um grupo de sábios heróis taoistas, extremamente populares, de sete homens e uma mulher. Surgiram pela primeira vez descritos na Dinastia Yuan e, a partir de então, suas personalidades e seus feitos foram explorados em inúmeras lendas e mitos chineses. Representam: masculinidade, feminilidade, aristocracia, povo, velhice, juventude, fortuna e pobreza. O poder de cada um deles pode ser transferido a um artefato, dando-lhe a força de destruir o mal. Os oito vivem na Montanha Penglai e são eles: He Xiangu, Cao Guojiu, Li Tieguai, Lan Caihe, Lu Dong Bin, Han Xiang Zi, Zhang Guo Lao, Zhongli Quan.

Olho de Mil Milhas – Ajudante do Imperador de Jade.

Orvalho da Vida Eterna – Fontes cujas águas saciavam a sede dos Oito Imortais.

Ouvido que Acompanha o Vento – Ajudante do Imperador de Jade.

Pa Pi – Instrumento musical, espécie de alaúde.

País da Luz – Lugar no ocidente em que o chinês foi em busca do fogo.

Pak Tai ou Bei Di – Deus taoista do Norte e um dos Cinco Imperadores associados a cada um dos pontos cardeais (Norte, Sul, Leste, Oeste e Centro), segundo a teoria dos Cinco Elementos. Em Hong Kong e Macau, são considerados divindades do vento e das águas, elementos associados ao norte como a cor preta.

Palácio Shuaitou – Local onde estava o forno em que foi atirado Wukong para ser queimado.

Pangu – Deus primordial e o criador do universo, que segurou o céu na cabeça e a terra nos pés para que ambos ficassem afastados.

Pao Yueh – Uma das Doze Luas.

Pedras da Eternidade – Originadas dos ossos e unhas de Pangu, que formam os minerais básicos.

Peng – Gigantesca ave mitológica, de impressionante poder de voo.

Penglai – Monte onde habitavam os Oito Sábios Imortais.

Pi Ma Wen – Posto depreciativo de Cavalariço-Chefe, dado ao Rei Macaco.

Pi Xie ou Pixiu – Criatura com desmedido apetite por ouro e prata. É semelhante ao Rui Shi, descendente de dragões e tem o dom de atrair riquezas e boa sorte.

Planador de Nuvens – Aquele que transpõe os Quatro Mares num dia.

Portal Dármico – Ao transpô-lo, adquiria-se a eterna juventude.

Pulgas, bactérias e minúsculos mosquitos – Originados do imundo casaco de peles de Pangu, que deu origem aos seres humanos e animais primitivos.

Qi – Energia e vitalidade dos seres.

Qi – Nome dado a um criança que foi rejeitada pelo seu clã e depois retornou para salvar seu povo.

Qi Xi – Lenda que no Japão é conhecida como Tanabata e representa o dia dos namorados na China.

Qilin (Kirin, para os japoneses) – Animal imaginário da boa sorte, paz e prosperidade. Tem a aparência de uma girafa ou de um tigre e é representado como se estivesse em chamas. Acredita-se que aparece a cada vez que se aproxima um sábio ou soberano. É considerado o "unicórnio chinês", mesmo que não seja exatamente um. É um animal sobrenatural extremamente bondoso, generoso e, bem como o unicórnio ocidental, é visto por e se conecta com apenas aqueles que são puros de coração. Encontrar um qilin morto é sinal de catástrofe de proporções épicas. Em algumas versões, o grou, ave de grande porte, substitui o qilin como um dos quatro animais.

Qin Chin Huang – Tentou, em vão, alcançar a montanha em busca do elixir da imortalidade.

Qing Niao – Mensageiro de Xi Wang Um, a Rainha do Pomar dos Pêssegos da imortalidade.

Quatro Imperadores – Reis celestes do taoismo.

Que Qiao – Ponte formada por pássaros ao longo da Via Láctea.

Rei Li – Líder do exército, chamado pelo Imperador de Jade para derrotar o Rei Macaco.

Reis Dragões – São os quatro governantes dos quatro oceanos (cada um corresponde a um ponto cardeal). Vivem nas profundezas do oceano e governam a vida animal.

Ren – Pessoa, em chinês.

Ren-lei – Humanidade, em chinês.

Rio Amarelo – De onde foi tirada a lama amarela para moldar a primeira criatura. Absorvido pelo gigante Kua Fu na sua imensa sede ao perseguir o sol.

Rio Wei – Um dos Rios mais importantes da China, que também foi absorvido pelo gigante Kua Fu na sua imensa sede ao perseguir o sol.

Rios e regatos – Originados do sangue e das lágrimas de Pangu.

Roda da Reencarnação – Estão livres dela os Budas, os Imortais e os sábios.

Rui Shi – Leões guardiões das entradas de palácios, tumbas e templos imperiais. São representados geralmente em casais: a fêmea é protetora das pessoas e aparece com um filhote, e o macho protege a propriedade e tem sob sua pata um globo.

Salão da Névoa Sagrada – Onde ficava o trono do Rei de Jade, no Palácio de Portões Dourados da Nuvem.

Salto Mortal da Nuvem – Estilo de salto de um Imortal.

Sang Lin – Assassino do Arqueiro Divino.

San-huang – Os Três Augustos.

Shan Hai Jing – Um texto que significa, literalmente, "Pergaminho da Montanha e do Mar" e é uma das primeiras enciclopédias da China. Foi escrito por Shan Hai Jing, que descreve em detalhes os mitos, a magia e a religião da China Antiga e também documenta a geografia "do mar e da montanha", a história, a medicina, os costumes e etnias em tempos antigos.

Shandong – Cidade que fica na Montanha Penglai. Onde foi enterrado o tronco de Chi You.

She – Cobra famosa que devora elefantes.

Shen Long – Dragão que tem o poder de controlar os ventos e as chuvas.

Sheng Gu – Taoista lendário feminino.

Shi Tennô – Os Quatro Reis Celestes, deuses guardiões budistas.

Shing Wong – Deus responsável pelo comércio urbano.

Shou Hsin – Deus da longevidade.

Shui Jing Zhu – Um texto cujo significado é "Comentários sobre o Pergaminho da Água". No início, foi escrito como um conjunto de ideias sobre esse pergaminho, mas tornou-se conhecido pela inovação de sua documentação geográfica, histórica e lendas associadas.

Shun – Sucessor de Yao.

Sol e Lua Primordiais – Originados dos olhos de Pangu.

Solo – Originada da pele de Pangu.

Su Shuang – Ave mitológica, descrita também como uma ave aquática.

Suiren – Deus do Fogo que orienta o cozimento dos alimentos.

Suirenshi – Mesmo nome de Suiren, o Homem da Pedra. Sui=sílex, Ren= humano, shi=um adereço de herói.

Sun Wukong – O Rei Macaco Bonitão, Rei da Montanha das Flores e Frutas e o Maior Sábio.

T'ai-sh Lao Zi – Escritor do Tao Te Shing e fundador do taoismo.

Tai Hao – Deus do Oriente, um dos quatro imperadores.

Taigong Wang – Pescador que foi confundido com sábio e virou magistrado.

Tam Kung – Deus do mar venerado em Macau e Hong Kong e que tem o poder de controlar o tempo e o dom de curar doenças infantis.

Tang – Sopa, em chinês.

Tao Tie – O quinto filho de um dragão, semelhante a uma gárgula e que representa a ganância. Tinha tamanho apetite que comeu seu próprio corpo e sua alma.

Taoismo – Religião da China desde a antiguidade.

Tartaruga Ao – Participante da criação do universo da deusa Nu Wa.

Tartaruga Celestial – Tartaruga que teve seu casco numerado e classificado com o quadrado mágico.

Tartaruga Qiling – Fazia parte dos sobrenaturais da imortalidade e longevidade, junto com o dragão e a fênix, que ajudaram Pangu a manter a terra e o céu afastados.

Tayu – O que domou as águas do mar com o moldador mágico.

Templo Lei Yin – De onde saiu Buda para deter o macaco, a pedido do Imperador de Jade.

Térras Férteis – Originadas dos nervos de Pangu.

Tian Kuan – Céu chinês.

Tianhuang Dadi – Governante dos deuses.

Tianlong – Dragões celestiais que puxam as carruagens dos deuses e são guardiões dos palácios dos céus de Tian.

Li Tiegual – Um dos Oito Imortais, o ladrão de corpos.

Tigre Cor de Fuligem – Montaria sagrada de Zhu Rong, o deus do Fogo.

Torre Espírito Montanha do Coração – Gruta da lua ponte, onde vive o Patriarca Subhuti.

Três Agentes – Tien-Kuan, o Céu; a Terra, Ti-Kuan; a Água, Shui-kuan.

Três Augustos – Deuses augustíssimo, são eles: Fu Xi, companheiro de Nu Wa; Shennong, que significa "Fazendeiro Divino"; e Huangdi, conhecido como o Imperador Amarelo.

Três Crenças – Taoismo, budismo e confucionismo.

Três Desastres – Morte por um raio; queimado pelo fogo oculto que vem do céu; destruição pelo vento monstro, que sopra da coroa da cabeça para baixo.

Três Puros – Principais divindades taoistas que representam os princípios supremos. São eles: o Puro de Jade ou Venerável Celeste do Começo Original; O Puro Superior ou Venerável do Tesouro Sublime; o Grande Puro ou Senhor Supremo Lao.

Trono Divino – Lugar que ocupava o deus pai primordial.

Trovão – Originado do último suspiro de Pangu.

Tu Di Gong – Deus da terra. Cada aldeia da China possui um templo em sua homenagem, e as pessoas o invocam quando desejam boas colheitas, saúde e quando enterram seus entes queridos.

Umbigo do Céu – É o nome de um lago no topo de uma altíssima montanha, no país de Tsi, e que era considerado sagrado. Os povos que lá viviam acreditavam que o lago era o centro do Céu e da Terra, o apoio do eixo cósmico.

Via Láctea – Um caminho leitoso nos céus.

Vulcano – Filho de Zeus, o deus grego, marido de Vênus.

Wen – Rei da Dinastia Zhou.

Wen Chang – Deus da literatura que ajudava os estudantes preguiçosos.

Wen Wang – Pai adotivo de Lei Zheng Zi, que o adotou apesar de ter 99 filhos.

Wong Tai Sin – Criatura com o dom de transformar pedras em ovelhas. Nasceu em Wong Cho Ping, em 338, na cidade atual de Lanxi.

Wu Kang – Ancião que habitava na lua e tentava, inutilmente, derrubar a árvore da imortalidade.

Wu Xiang – Líder de clã do Monte Yuluo, chamado de Senhor do Celeiro. Herói que criou a cidade mitológica de Yicheng na Shu.

Wu Yuantai – Foi quem contou a lenda dos Oito Imortais, na viagem para o oriente.

Wu-di – Um dos Cinco Imperadores.

Xi Wang Mu – Alquimista que detém o segredo da vida eterna e a entrada para o Paraíso dos deuses, onde ela cultiva um pessegueiro que a cada 3 mil anos dá um fruto que concede a imortalidade aos deuses.

Xiamou – Igual a Fu Chi. Música composta por Chen Nong que criou instrumento musical como o Qin e o Se, que ajudava a acalmar as pessoas.

Xiang – Meio-irmão invejoso de Shun, que tentou matá-lo.

Xiao – Demônio, ou espírito de uma montanha.

Xiê-xiê – Em chinês, agradecimento.

Xiezhi – Fera de um só chifre.

Xihe – Mãe dos dez sóis.

Xing Tian – Gigante sem cabeça e com o rosto nas costas. Foi decapitado pelo Imperador Amarelo por desafiá-lo e passou a se chamar de "Aquele punido pelos Céus". Vaga pelos campos e estradas com um escudo e empunhando um machado, fazendo uma bestial dança de guerra.

Xirang – Tesouro do Imperador de Jade que foi roubado por Gun para reter as enchentes.

Xuan Nu – Deusa que auxiliou Huangdi a subjugar Chi You na guerra travada entre os dois. Depois de enfrentarem-se nove vezes em uma guerra cíclica sem que nenhum dos dois vencesse, o Imperador Amarelo retirou-se para o Monte Tai, que ficou envolto em neblina durante três dias. Nesse meio tempo surgiu Xuan Nu, que tinha cabeça de humano e corpo de pássaro e informou ao Imperador uma estratégia que lhe deu a vitória.

Xuanpu – Paraíso dos deuses, situado na Terra encantada, no topo da montanha Kuen Luen.

Yan Di – Imperador das Chamas.

Yang – Lado masculino de yin.

Yang Gao – Deus do Norte, um dos quatro imperadores.

Yanluo – Soberano do Mundo dos Mortos (forma abreviada do sânscrito Yama Raja).

Yao – Dragão Negro Kung, que causava destruições e calamidades e excelente governador.

Yaochi – Morada dos imortais onde habita Xi Wang Um, o Macaco Rei Bonitão.

Yaoguai – Demônios e espíritos perversos. Geralmente, o espírito de um animal que ganhou poderes através da prática do taoismo. A maioria deles habita no Di Yu, como animais de estimação dos deuses, mas há aqueles que possuem poder para controlar outros Yaoguai.

Yin – O lado feminino de yang.

Yin yang – São duas energias opostas, símbolo taoista da dualidade. Yin é o princípio passivo, feminino, e significa o escuro e o frio. Yang é o princípio ativo, masculino, e representa a claridade e o calor. Segundo a crença chinesa, o mundo é composto por forças opostas, e é essencial achar o equilíbrio entre elas. Figurativamente, o yin e o yang são representados como os animais tigre (yin) e dragão (yang).

Yinglong – Dragão ying, deus da Chuva. Servo poderoso de Huangdi, que auxiliou Yu, o neto do Imperador de Jade, a conter, abrindo canais com sua cauda de dragao, uma calamitosa inundação do Rio Amarelo.

Yingzhou – Uma das quatro ilhas paradisíacas.

Yu – Filho de Gun, neto do Imperador Amarelo.

Yu Huang – Imperador de Jade, deus supremo do panteão divino.

Yuanjião – Uma das quatro ilhas paradisíacas.

Yue – Designa o corpo celeste e o mês lunar.

Yuebing – Tipo de bolo feito para festivais.

Zao Jun – Também chamado de deus da Cozinha, ou deus do Fogão, é quem leva, anualmente, um relatório ao Imperador de Jade, com detalhes sobre o que acontece com as famílias na terra. É a mais influente divindade dentre uma miríade de deuses domésticos, como, por exemplo, os deuses do pátio interno, dos poços, dos vãos da porta e por aí afora.

Zhang Guo Lao – Um dos Oito Imortais, o mula-velho teimoso.

Zhao Gongming – Deus da Riqueza e da prosperidade que monta num tigre negro.

Zhao Shen Xiao – Um justo magistrado que julgou o avarento Kuang Zhi Lian a pedido de um imortal.

Zhong Kui ou Jung Kwa – Viveu na Montanha Zhongnan, na Dinastia Tang, e tornou-se célebre pelo seu poder de exorcizar demônios. Foi aprovado nos exames imperiais, mas o Imperador não lhe deu o posto por ser ele muito feio.

Zhongli Quan – Um dos Oito Imortais, o alquimista explosivo.

Zhou – Mingau, em chinês.

Zhu – Ave de mau agouro.

Zhu Rong – Deus do fogo que derrotou seu filho Gong Gong, o deus da água, num combate épico pelo trono celestial.

Zhuolu – Território sob o domínio do líder de Huang Di.

Referências

ABREU, Antonio Dantas. *Mitologia chinesa*: quatro mil anos de história através das lendas e dos mitos chineses. São Paulo: Landy, 2000.

BASTOS, A. J. Pinto. *Cruzador S. Gabriel*: viagem de circum-navegação. Lisboa: Livraria Ferreira, 1912.

BERNSTEIN, Thomas P.; LU, Xiaobo. *Taxation without representation in rural China*. Cambridge: Cambridge University Press, 2008.

BHALLA, A. S.; QIU, Shufang. *The employment impact of China's Wto accession*. Londres: Routledge Curzon, 2004.

BLOFELD, John. *A deusa da compaixão e do amor*: o culto místico a Kuan Yin. Trad. Antonio de Pádua Danesi e Gilson César Cardoso de Sousa. São Paulo: Ibrasa, 1994.

BORGES, Jorge Luis; GUERRERO, Margarida. *O livro dos seres imaginários*. São Paulo: Globo, 1996.

BOTTON, Alain de. *As consolações da filosofia*. Porto Alegre: L&PM, 2013.

BRASÃO, Eduardo. *Apontamentos para a história das relações diplomáticas de Portugal com a China*: 1516-1753. Lisboa: Divisão de Publicações e Biblioteca, Agencia Geral das Colónias, 1949.

BRAUTIGAM, Deborah. *The dragon's gift: the real story of China in Africa*. Oxford: University Press, 2009.

BREAN, Donald J. S. Ed. *Taxation in modern China*. Nova York: Routledge, 1998.

BUTEL, Paul. *L'opium*. Paris: Perrin, 1995.

CALDEIRA, Carlos José. *Apontamentos d'uma viagem de Lisboa à China e da China a Lisboa*. Lisboa: Typographia de Castro & Irmão, 1853.

CAMPANELLA, Thomas J. *The concrete dragon: China's urban revolution and what it means for the world*. Nova York: Princeton Architectural Press, 2010.

CAMPBELL, Joseph. *O herói de mil faces*. São Paulo: Pensamento, 2002.

CAMPBELL, Joseph. *O poder do mito*. São Paulo: Palas Athenas, 1990.

CARR, Caleb. *Le diable blanc*. Paris: Presses de la Cité, 1999.

CHAY, Geraldine; Y.N. Han. *Cultura chinesa*. São Paulo: Rocco, 2007.

CHEN, Weixing. *The political economy of rural development in China*: 1978-1999. Londres: Praeger, 1999.

CHIU, Becky; LEWIS, Mervyn. *Reforming China's state-owned enterprises and banks*. Cheltenham: Edward Elgar Pub, 2006.

CONFÚCIO. *Os analectos*. Tradução do inglês de Caroline Chang e do chinês de D.C.Lau. Porto Alegre: L&PM, 2007.

COOK, Sarah; MAURER-FAZIO, Margaret. *The workers' state meets the market, labour in China's transition*. Londres: Frank Cass, 1999.

CORDIER, Henri. *Histoire générale de la Chine et de ses relations avec les pays étrangers*: depuis les plus anciens jusqu'à la chute de la dynastie Mandchoue, depuis l'avènement de Tao Kuang (1821) jusqu'à l'époque actuelle. Paris: Librairie Paul Geuthner, 1921.

CRESPO, Joaquim Heliodoro Calado. *A China em 1900*. Lisboa: Manuel Gomes, 1901.

DICKSON, Bruce J. *Red capitalists in China*: the party, private entrepreneurs and prospects for political change. Cambridge: Cambridge University Press, 2006.

DU HALDE, Jean Baptiste. *Description geographique, historique, chronologique, politique, et physique de l'Empire de la Chine et de la Tartarie Chinoise*. Paris: P. G. Le Mercier, 1735.

DIKÖTTER, Frank. *Mao's Great Famine. The History of China's Most Devastating Catastrophe, 1958-1962*. Londres: Walker & Company, 2010.

ENGLAND, Robert Stowe. *Aging China*: the demographic challenge to China's economic prospects. Londres: Praeger, 2005.

FERRAZ, Guilherme Ivens. *O cruzador República na China em 1925, 1926 e 1927*: subsídios para a história da guerra civil da China e dos conflitos com as potências. Lisboa: Imprensa da Armada, 1932.

FRIEDMAN, John Block. *The Monstrous Races in Medieval Art and Thought*. Cambridge: Harvard University Press, 1981.

GALLAGHER, Mary Elizabeth. *Contagious capitalism, globalization and the politics of labor in China*. Princeton: Princeton University Press, 2005.

GERTH, Karl. *China made*: consumer culture and the creation of the nation. Cambridge: Harvard University Asia Center, 2004.

GUO, Xiaoqin. *State and society in China's democratic transition*: confucionism, leninism, and economic development. Nova York: Routledge, 2003.

HALL, James. *Dictionary of Subjects and Symbols in Art*. Nova York: Harper & Row Publishers, 1996.

HART-LANDSBERG, Martin; BURKETT, Paul. *China and socialism*: market reforms and class struggle. Nova York: Monthly Review Press, 2005.

HARVEY, David. *A brief history of neoliberalism*. Oxford: Oxford University Press, 2011.

HO, Peter. *Institutions in transition*: land ownership, property rights, and social conflict in China. Oxford: Oxford University Press, 2006.

HUANG, Yasheng. *Capitalism with Chinese characteristics*: entrepreneurship and the state. Cambridge: Cambridge University Press, 2010.

HUI, Wang. *China's new order*: society, politics, and economy in transition. Editor: Theodore Huters. Cambridge: Harvard University Press, 2006.

HUNG, Dr. Cho Ta. *Exercícios chineses para a saúde*: a antiga arte do Tsa Fu Pei. Pensamento: São Paulo, 1985.

IKELS, Charlotte. *The return of the god of wealth*: the transition to a market economy in urban China. Palo Alto: Stanford University Press, 1996.

JEREMY, Roberts. *Chinese Mythology A to Z*. Nova York: *Facts* On File, 2004.

KAHN, Harold. *Monarchy in the emperor's eyes*: image and reality in the Chien-lung reign. Cambridge: Harvard University Press, 1971.

KELLIHER, Daniel Roy. *Peasant power in China*: the era of rural reform, 1979-1989. New Haven: Yale University Press, 1992.

KHAN, Azizur Rahman; RISKIN, Carl. *Inequality and poverty in China in the age of globalization*. Oxford: Oxford University Press, 2001.

LÉVY, André. *Novas cartas edificantes e curiosas do Extremo Ocidente por viajantes chineses na Belle Époque*: 1866-1906. São Paulo: Companhia das Letras, 1988.

LAI, T. C. *The Eight Immortals*. Hong Kong: Swindon Book Co., 1972.

LI, Jun. *Financing China's rural enterprises*. Hawaii: University of Hawaii Press, 2002.

LOTI, Pierre. *Os últimos dias de Pequim*. Porto: Lello, 1934.

MA, Shu Yun. *Shareholding system reform in China*: privatizing by groping for stones. Cheltenham: Edward Elgar, 2010.

MACHADO, Joaquim José. *Missão na China*: 1909-1910. Macau: Fundação de Macau, 1999.

MASLOW, A. H. *Introdução à psicologia do ser*. Rio de Janeiro: Eldorado, 1968.

MENG, Xin. *Labour market reform in China*. Cambridge: Cambridge University Press, 2000.

MURET, Maurice. *Le crépuscule des nations blanches*. Paris: Payot, 1926.

NYBERG, Albert; ROZELLE, Scott. *Accelerating China's rural transformation*. Washington, D.C.: World Bank, 1999.

OI, Jean Chun. *Rural China takes off*: institutional foundations of economic reform. Berkeley: University of California Press, 1999.

OI, Jean Chun. *State and peasant in contemporary China*: the political economy of village government. Berkeley: University of California Press, 1991.

PEYREFITTE, Roger. *O império imóvel ou o choque dos mundos*. Lisboa: Gradiva, 1988.

PU YI. *El último imperador*: autobiografía del hombre que perdió el trono imperial chino. Madri: Globus Comunicación, 1990.

PUN, Ngai. *Made in China*: women factory workers in a global workplace. Londres: Duke University Press, 2005.

REVILLA, Federico. *Diccionario de Iconografía y Simbología*. Madri: Cátedra, 1995.

RICCI, Matteo. *S.I. Storia dell'introduzione del cristianesimo in Cina*. Roma: La Libreria dello Stato, 1949.

RIJCKENBORGH, Jan Van. *Gnosis Chinesa*: Comentário sobre o Tao te King. Rosacruz: Atual Pentagrama Publicações, 2006.

RISKIN, Carl; ZHAO, Renwei; LI, Shi. *China's retreat from equality*: income distribution and economic transition. Armonk: M.E. Sharpe, 2001.

RODRIGUES, Francisco. *Jesuítas portugueses astrônomos na China*, 1583-1804, Porto: Porto Médico, 1925.

SATO, Hiroshi. *The growth of market relations in post-reform China*: a micro-analysis of peasants, migrants, and peasant entrepreneurs. Londres: RoutledgeCurzon, 2003.

SELDEN, Mark. *The political economy of Chinese development*. Nova York: M.E. Sharpe, 1993.

SHAMBAUGH, David L. *China's Communist Party*: atrophy & adaptation. Berkeley: University of California Press, 2010.

SHAMBAUGH, David L. Ed.. *Is China unstable?*: assessing the factors. Nova York: M.E. Sharpe, 2000.

SHAOGUANG, Wang; ANGANG, Hu. *The political economy of uneven development*: the case of China. Nova York: M.E. Sharpe, 1999.

SHUE, Vivienne . *The reach of the state*: sketches of the Chinese body politic. Palo Alto: Stanford University Press, 1998.

SOLINGER, Dorothy J. *Contesting citizenship in urban China*: peasant migrants, the state, and the logic of the market. Berkeley: University of California Press, 1999.

SPALDING, Tassilo Orpheu. *Dicionário das mitologias*. São Paulo: Cultrix, 1973.

SPENCE, Jonathan D. *Emperor of China, self-portrait of K'ang-shi*. Nova York: Vintage Books, 1998.

SPENCE, Jonathan. *Em busca da China moderna*: quatro séculos de história. São Paulo: Companhia das Letras, 1996.

STARR, John Bryan. *Understanding China*: a guide to China's economy, history and political culture. Nova York: Hill and Wang, 2010.

STEINFELD, Edward S. *Forging reform in China*: the fate of state-owned industry. Cambridge: Cambridge University Press, 2007.

TSÉ, Lao. *Tao Te King. Livro do caminho e do bom caminhar*. São Paulo: Relógio D'Água, 2011.

TZU, Sun. *A arte da guerra*. Porto Alegre: L&PM, 2000.

WANG, Hui. *The end of the revolution*: China and the limits of modernity. Londres: Verso, 2009.

WU, Jyh Cherng, *Tao Te Ching*: O livro do caminho e da virtude de Lao--Tsé, tradução do chinês para o português. São Paulo, Mauad. 1996.

YANG, Dali L. *Beyond Beijing*: liberalization and the regions in China. Londres: Routledge, 2007.

ZHANG, Li. *Strangers in the city*: reconfigurations of space, power, and social networks within China's floating population. Palo Alto: Stanford University Press, 2001.

ZHANG, Mei. *China's poor regions*: rural-urban migration, poverty, economic reform, and urbanization. Londres: RoutledgeCurzon, 2003.

ZHANG, Xiao-Guang. *China's trade patterns and international comparative advantage*. Nova York: Palgrave Macmillan, 2003

ZHUO, Dr. Dahong. *A ginástica chinesa*. São Paulo: Record, 1984.

lepmeditores

www.lpm.com.br
o site que conta tudo

Impresso na Gráfica BMF
2022